PROJET

DE

CODE DE COMMERCE

ALEXANDRIE

IMPRIMERIE FRANÇAISE MOURÈS & Cie, SQUARE IBRAHIM.

1871.

PROJET

DE

CODE DE COMMERCE

PROJET

DE

CODE DE COMMERCE.

CHAPITRE PREMIER.

Dispositions générales.

SECTION I. — Compétence.

1 — Les tribunaux de commerce connaîtront :

1° De toutes contestations relatives aux engagements et transactions entre commerçants, marchands et banquiers ;

2° Des contestations relatives aux actes de commerce faits par toutes personnes.

2 — La loi répute acte de commerce :

Tout achat de denrées et marchandises pour les revendre, soit en nature, soit après les avoir travaillées et mises en œuvre, ou même pour en louer l'usage ;

Toute entreprise et toute opération de manufacture, de commission, de transport par terre et par eau ;

Toute entreprise de fournitures, d'agences, bureaux d'affaires, établissements de vente à l'encan, de spectacles publics ;

Toute opération de change, de banque et de courtage ;

Toutes les opérations des banques publiques ;

Toutes obligations entre négociants, marchands et banquiers, courtiers, entrepreneurs d'administration de fonds publics, tant à charge du gouvernement que des puissances étrangères, en tant qu'ils agissent en leurs qualités.

3 — La loi répute pareillement acte de commerce maritime :

Toute entreprise de construction, et tous achats, ventes et reventes des bâtiments pour la navigation intérieure et extérieure ;

Toutes expéditions maritimes ;

Tout achat ou vente d'agrès, apparaux et avitaillements ;

Tout affrètement ou nolisement, emprunt ou prêt à la grosse ;

Tout contrat d'assurances, et tous autres contrats concernant le commerce de mer ;

Tous accords et conventions pour salaires et loyers d'équipages ;

Tous engagements de gens de mer pour le service de bâtiments de commerce.

4 — Les tribunaux de commerce connaîtront également de toutes contestations relatives aux avaries générales et particulières.

5 — Les tribunaux de commerce connaîtront aussi des actions intentées contre les facteurs, commis des commerçants ou leurs serviteurs, pour le fait seulement du trafic du commerçant auquel ils sont attachés.

6 — Ils connaîtront pareillement de tout ce qui concerne les faillites, conformément à ce qui est prescrit au présent Code de commerce.

7 — Ne seront pas de la compétence des tribunaux de commerce, les actions intentées contre un propriétaire, cultivateur ou vigneron, pour vente de denrées provenant de son crû, et les actions intentées contre un commerçant, pour payement de denrées et marchandises achetées pour son usage particulier.

8 — Néanmoins, les billets souscrits par un commerçant ou entrepreneur d'administration de deniers publics seront censés faits pour son commerce, lorsqu'une autre cause n'y sera pas énoncée.

SECTION II Des Commerçants.

9 — Sont commerçants ceux qui exercent des actes de commmerce et en font leur profession habituelle.

10 — Les personnes âgées de vingt et un ans accomplis pourront se livrer au commerce. Celles qui ont accompli leur dix-huitième année ne pourront faire le commerce que dans

les conditions prescrites par leur statut personnel si elles
sont mineures ou par autorisation du tribunal de commerce,
si elles sont majeures d'après leur statut personnel.

11 — La capacité des femmes pour faire le commerce est
également réglée par leur statut personnel.

SECTION III — Des Livres du Commerce.

12 — Tout commerçant est tenu d'avoir un livre-journal
qui présente jour par jour ses dettes actives et passives, les
opérations de son commerce, ses négociations, acceptations
ou endossements d'effets, et généralement tout ce qu'il reçoit
et paye, et qui énonce, mois par mois, en un seul article, les
sommes employées à la dépense de sa maison.

13 — Il est tenu de copier sur un registre les lettres d'affaires qu'il envoie et de mettre en liasse, chaque mois, les
lettres d'affaires qu'il reçoit.

14 — Indépendamment de la tenue des livres mentionnés
dans les deux articles précédents, tout commerçant est tenu
de faire tous les ans l'inventaire de ses effets mobiliers et immobiliers, et de ses dettes actives et passives, et de le copier
chaque année sur un registre spécial à ce destiné.

15 — Ces livres seront tenus sans blancs, lacunes ni trans-
ports en marge, sauf les blancs au livre copie de lettres qui
seraient décalqué. Le livre-journal et le livre des inventaires
avant qu'ils soient commencés, devront être numérotés, pa-
raphés à chaque feuillet, et sans frais par un employé, nommé
ad hoc par le tribunal de commerce ; également, à la fin de
chaque année, le livre-journal, celui des inventaires et le copie de lettres, devront être visés par ledit employé, en présence du commerçant qui le présentera, sans que l'employé
puisse, sous aucun prétexte, prendre connaissance du conte-
nu du livre présenté, ni le retenir.

16 — Les livres que les individus faisant le commerce
sont obligés de tenir, et pour lesquels ils n'auront pas obser-
vé les formalités ci-dessus prescrites, ne pourront faire foi
en justice.

17 — La communication des livres et inventaires ne peut
être ordonnée en justice, en dehors des contestations commerciales, que dans les affaires de communauté, succession,

partage de société, et en cas de faillite. Dans les cas ci-dessus, cette communication peut être exigée d'office par le tribunal de commerce.

18 — Les livres de commerce régulièrement tenus peuvent être admis par les juges pour faire preuve entre commerçants pour faits de commerce.

19 — Dans le cours d'une contestation, la représentation des livres peut être ordonnée d'office par le tribunal de commerce, à l'effet d'en extraire ce qui concerne le différend.

SECTION IV. — De la publicité à donner aux conventions matrimoniales des commerçants.

20 — Tout commerçant ou commerçante engagé dans les liens du mariage sera contraint, dans l'année de la promulgation du présent Code, de faire connaître au greffe du tribunal le régime matrimonial sous lequel il se trouve.

21 — S'il y a contrat, l'acte en sera soumis au greffier qui en fera un extrait et transcrira cet extrait sur un registre.

22 — Le registre sera communiqué à première réquisition à toute personne sur l'indication du nom du commerçant et pour la partie qui le concerne.

23 — Tout commerçant qui contractera mariage, et toute personne mariée qui embrassera la profession de commerçant, fera la même publication dans le mois de son mariage, ou dans le mois où il devra ouvrir son commerce.

24 — Faute d'avoir rempli les formalités prescrites par la présente section, le commerçant qui tombera en faillite sera condamné comme banqueroutier simple, s'il est reconnu que le défaut de publicité a pu donner aux tiers une confiance non méritée.

CHAPITRE II.

Des différents contrats commerciaux.

SECTION I. — Des Sociétés.

25 — La loi reconnait trois espèces de sociétés commerciales :

La société en nom collectif ;

La société en commandite ;

La société anonyme.

Ces sociétés sont régies par les principes généraux énoncés au Code civil, par les conventions des parties et, en outre , par les règles suivantes :

26 — La société en nom collectif est celle que contractent deux personnes ou un plus grand nombre, et qui a pour objet de faire ensemble le commerce pour le compte commun sous une raison sociale.

27 — Les noms de l'un ou de plusieurs des associés peuvent seuls faire partie de la raison sociale.

28 —Les associés en nom collectif sont solidaires pour tous les engagements de la société, encore qu'un seul des associés, autorisé à cet effet , ait signé, pourvu que ce soit sous la raison sociale, ou, si celui qui a signé est autorisé ou non, que l'engagement ait profité à la société.

29 — La société en commandite se contracte entre un ou plusieurs associés responsables et solidaires, et un ou plusieurs associés simples bailleurs de fonds, que l'on nomme commanditaires ou associés en commandite.

30 — Elle est régie sous un nom social, qui doit être nécessairement celui d'un ou de plusieurs des associés responsables et solidaires.

31 — Lorsqu'il y a plusieurs associés solidaires et en nom, soit que tous gèrent ensemble, soit qu'un ou plusieurs gèrent pour tous, la société est à la fois société en nom collectif à leur égard, et société en commandite à l'égard des simples bailleurs de fonds.

32 — Le nom d'un associé commanditaire ne peut faire partie de la raison sociale.

33 — L'associé commanditaire n'est passible des pertes que jusqu'à concurrence des fonds qu'il a mis ou dû mettre dans la société.

34 — L'associé commanditaire ne peut faire aucun acte de gestion, même en vertu de procuration.

35 — En cas de contravention à la prohibition mentionnée dans l'article 32, l'associé commanditaire qui a autorisé l'emploi de son nom dans la raison sociale, est obligé solidairement pour toutes les dettes et engagements de la société.

L'associé commanditaire qui a fait acte de gestion est tenu solidairement des dettes et engagements de la société qui dérivent des actes de gestion qu'il a faits.

36 — Il peut, suivant le nombre et la gravité de ces actes, et suivant que les tiers ont pu, à raison de ces actes, faire foi en lui, être déclaré solidairement obligé pour tout ou partie des engagements de la société.

37 — Les conseils ou actes de contrôle ou de surveillance n'engagent pas le commanditaire.

38 — La société anonyme n'existe point sous un nom social : elle n'est désignée par le nom d'aucun des associés.

39 — Elle est qualifiée par la désignation de l'objet de son entreprise.

40 — Elle est administrée par des mandataires à temps, associés ou non associés, salariés ou gratuits et révocables, même s'ils sont nommés par les statuts et malgré toute stipulation contraire.

41 — Les administrateurs ne sont responsables que de l'exécution du mandat qu'ils ont reçu : ils ne contractent, à raison de leur gestion, aucune obligation personnelle ni solidaire relativement aux engagements de la société.

42 — Les associés ne sont passibles que de la perte du montant de leur intérêt dans la société.

43 — Le capital de la société anonyme se divise en actions et même en coupons d'actions d'une valeur égale.

44 — L'action peut être établie sous la forme d'un titre au porteur ; dans ce cas, la cession s'opère par la tradition du titre.

45 — La propriété des actions peut être établie par une inscription sur les registres de la société. La cession s'opère par une déclaration de transfert signée sur les registres de la société par celui qui fait le transfert et celui qui le reçoit, ou leurs fondés de pouvoirs, et dont mention sera faite par l'administrateur de la société en marge ou au dos du titre, s'il n'en est pas délivré un nouveau.

46 — La société anonyme ne peut exister qu'en vertu d'un firman du Khédive qui approuve les conditions contenues dans l'acte de société, et qui autorise son installation.

47 — Les sociétés anonymes qui se fonderont en Egypte seront toutes de nationalité égyptienne et devront y avoir leur principal siége social.

48 — Le capital des sociétés en commandite pourra être aussi divisé en actions, sans aucune autre dérogation aux règles établies pour ce genre de société.

49 — Aucune société ne pourra diviser son capital en actions ou coupures d'actions moindres de 100 francs, si ce capital n'excède pas 200,000 francs, ni moindres de 500 francs, s'il est supérieur à 200,000 francs.

50 — Dans les sociétés en commandite, les actions seront nominatives jusqu'au versement de la moitié de leur montant. Les souscripteurs et leurs cessionnaires nominatifs seront responsables jusqu'à concurrence de cette moitié.

51 — Dans les sociétés anonymes, le firman d'autorisation déterminera le chiffre du versement après lequel l'action pourra être du porteur, et le souscripteur et le cessionnaire nominatifs libérés.

52 — Les sociétés en nom collectif et en commandite doivent être constatées par écrit. Les actes pourront être faits en forme authentique ou sous seing privé, en se conformant dans ces derniers cas aux règles édictées par le Code civil.

53 — Il en sera de même de l'acte par lequel les contractants s'engageront à poursuivre, dans des conditions déterminées, l'obtention de l'autorisation nécessaire pour la société anonyme.

54 — L'extrait des actes de société en nom collectif ou en commandite doit être déposé au greffe du tribunal de commerce du siége de la société et du siége de ses succursales, pour être transcrit sur le registre à ce destiné, et affiché pendant trois mois au tableau affecté, dans l'enceinte du tribunal, aux publications judiciaires.

55 — Il doit en outre être inséré dans un journal indiqué pour les annonces judiciaires paraissant au même siége, ou deux journaux paraissant dans une autre ville. Ces formalités pourront être remplies par chacune des parties contractantes.

56 — Cet extrait contiendra :

Les noms, prénoms, qualités et demeure des associés autres que les actionnaires non responsables ou commanditaires ;

La raison de commerce de la société ;

La désignation de ceux des associés autorisés à gérer, administrer et signer pour la société ;

Le montant des valeurs fournies ou à fournir par actions ou en commandite ;

L'époque où la société doit commencer et celle où elle doit finir.

57 — Ces formalités seront observées dans la quinzaine de la signature de l'acte, à peine de nullité.

58 — Toutefois cette nullité sera couverte par la publication faite avant la demande en nullité.

59 — Les associés ne pourront l'opposer aux tiers, mais ils pourront se l'opposer entre eux.

60 — Si la nullité est prononcée, la liquidation des droits des associés pour les opérations faites avant la demande en nullité se fera conformément aux clauses de l'acte annulé.

61 — Les associés commanditaires ou actionnaires ne seront pas considérés comme obligés solidaires par cela seul que la société aura été annulée.

62—L'extrait des actes de société est signé, pour les actes publics, par l'officier qui les a reçus, et, pour les actes sous seing privé, par la partie qui fera la publication.

63 — Le firman qui autorise les sociétés anonymes, ainsi que l'acte préliminaire d'association et les statuts devront être affichés au tribunal de commerce, pendant le même temps, et insérés dans un journal, à peine de dommages-intérêts envers les administrateurs, qui seront tenus solidairement des dettes de la société.

64 — Toute continuation de société après son terme expiré sera constaté par une déclaration des coassociés. Cette déclaration et tout acte portant dissolution de société avant le terme fixé pour sa durée par l'acte qui l'établit, tout changement ou retraite d'associés en nom, toutes nouvelles stipulations ou clauses pouvant intéresser les tiers, tout changement à la raison sociale sont soumis aux formalités prescrites par les articles précédents, sous les mêmes conditions de nullité.

65 — Indépendamment des trois espèces de société ci-dessus mentionnées, la loi reconnait les associations commerciales en participation qui n'ont ni fonds social ni raison sociale.

66 — Ces associations sont relatives à une ou plusieurs opérations de commerce. Elles ont lieu pour les objets, dans les formes, avec les proportions d'intérêts, et aux conditions convenues entre les participants.

67 — Celui des participants qui a contracté avec les tiers est seul engagé directement envers eux.

68 — Les rapports résultant pour les contractants de ces associations se bornent au droit et à l'obligation de régler entre eux les bénéfices et pertes résultant des affaires faites soit séparément, soit collectivement, en conséquence du contrat.

69 — Les associations en participation peuvent être constatées par la représentation des livres et de la correspondance.

70 — Les associations commerciales en participation ne sont pas assujetties aux formalités prescrites pour les autres sociétés.

71 — Toute action à raison des affaires de la société contre les associés non liquidateurs ou leurs ayant cause sera prescrite par cinq années, à partir soit de la fin de la société, si l'acte qui indique sa durée a été régulièrement publié, soit de la publication de l'acte de dissolution.

Les règles générales de la prescription relatives notamment à son interruption seront applicables.

SECTION II. — Des Courtiers.

72 — La profession de courtier est libre.

73 — Les droits et obligations des courtiers et leurs honoraires sont réglés par les règles du mandat et les usages du commerce.

74 — Les courtiers sont tenus, immédiatement après chaque opération, de la noter sur leur carnet et de la consigner jour par jour, dans leur livre-journal, sans blancs, ratures, interlignes, surcharges ou renvois, avec l'indication exacte du nom des parties, du temps de l'opération et de la délivrance, de la quantité, de la qualité et du prix de la marchandise, ainsi que de toutes les conditions de l'opération.

75 — Lorsque ni l'opération en elle-même, ni l'emploi du courtier ne seront niés, les livres ainsi tenus pourront être produits en justice, entre les parties contractantes, pour servir d'élément de preuves des conditions dans lesquelles l'opération a été faite.

76 — Les courtiers seront tenus de donner aux parties, en tout temps et à première réquisition, extrait de leurs livres, en ce qui concerne l'opération qu'ils ont faite pour elles.

77 — Ils devront même, à la demande du tribunal, lui soumettre leurs livres et fournir des éclaircissements.

78 — Le refus des communications prescrites par les deux articles précédents rendra les courtiers passibles de dommages-intérêts.

79 — Les courtiers seront tenus de conserver, à moins d'en être dispensés par les parties, les échantillons des marchandises vendues sur échantillon par leur entremise, en y joignant les annotations nécessaires pour en reconnaître l'identité, et ce, jusqu'à la délivrance.

80 — Le courtier qui a conclu la vente d'un effet négociable est responsable de la sincérité de la signature du vendeur qui s'y trouve.

81 — Le courtier qui n'aura pas nommé son client au moment de l'opération sera responsable de l'exécution, et considéré comme commissionnaire.

SECTION III. — Des Commissionnaires.

82 — Le commissionnaire est celui qui agit en son propre nom ou sous un nom social, par ordre et pour compte d'un commettant, moyennant salaire ou provision.

83 — Il est obligé personnellement envers le commettant et envers celui avec qui il négocie, et il a un recours contre chacune des parties respectivement, sans que celles-ci aient personnellement aucune action l'une contre l'autre.

84 — Toutefois, si le commissionnaire a contracté au nom de son commettant et avec son autorisation de ce chef, les parties auront action l'une contre l'autre, et les droits et obligations du commissionnaire seront régis exclusivement par les règles du mandat.

85 — Si le commissionnaire, sans être autorisé à agir au nom du commettant, a cependant agi au nom de ce dernier, l'opération sera réglée comme s'il y avait eu gestion d'affaires.

86 — Le commissionnaire qui a fait des anticipations, avances et dépenses sur des marchandises à lui expédiées d'une autre place, pour être vendues pour le compte d'un commettant, a un privilége et un droit de rétention, pour le remboursement de ses avances, intérêts et frais, sur les marchandises, si elles sont à sa disposition dans ses magasins, ou dans le dépôt de la douane du pays, ou si, avant qu'elles soient arrivées, il peut constater, par un connaissement, l'expédition qui lui en a été faite.

87 — Le privilége et le droit de rétention existeront également sur les effets donnés en payement, s'ils sont entre les mains du commissionnaire.

88 — Le privilége du commissionnaire prime tous les autres priviléges.

89 — Le privilége et le droit de rétention n'existent pas pour les créances antérieures à l'expédition , encore bien qu'elles soient qualifiées d'anticipation ou d'avances dans le contrat.

90 — Si les marchandises ont été vendues et livrées pour le compte du commettant, le commissionnaire se rembourse sur le produit de la vente du montant de ses anticipations, avances, intérêts et frais, par préférence aux créanciers du commettant.

91 — S'il s'agit de marchandises simplement consignées dans le lieu où demeure le commissionnaire, le privilége ne pourra exister que s'il est constaté par un contrat de gage constitué suivant les règles du droit civil.

92 — Le commissionnaire pour vendre qui détiendra des marchandises à lui expédiés soit en dépôt, soit pour les vendre à un prix limité, et qui sera créancier pour une somme privilégiée d'après les articles ci-dessus, pourra, trois jours après une sommation restée infructueuse, outre les délais de distances, obtenir, sur une simple requête, du juge de service pour les affaires urgentes près le tribunal de son domicile, l'autorisation de vendre aux enchères publiques tout ou partie des marchandises, par le ministère d'un courtier commis à cet effet par l'ordonnance.

93 — La vente se fera aux lieu et heure fixés par le juge, qui décidera s'il y a lieu à affiches et insertions.

94 — Les priviléges, droits de rétention et de vente existeront également au profit du commissionnaire chargé d'acheter qui détiendra encore les marchandises et effets.

SECTION IV. — Des Commissionnaires de transports, Voituriers, Bateliers, etc., etc.

95 — Le commissionnaire qui se charge d'effectuer ou de faire effectuer un transport par terre ou par eau est tenu d'inscrire, sur son livre-journal, la déclaration de la nature et de la quantité des marchandises, et, s'il en est requis, de leur valeur déclarée.

96 — Il est garant de l'expédition aussi prompte que possible, et de l'arrivée des marchandises et effets dans le délai déterminé par la lettre de voiture, hors le cas de force majeure légalement constaté.

97 — Il est garant des avaries ou pertes des marchandises ou effets, s'il n'y a stipulation contraire dans la lettre de voi-

ture, force majeure ou vice propre de la chose, sauf son recours contre le voiturier, s'il y a lieu.

98 — Il est garant des faits du commissionnaire intermédiaire auquel il adresse les marchandises , si le commissionnaire intermédiaire n'a pas été désigné dans la lettre d'expédition ; mais, s'il l'a été, le commissionnaire principal n'en
sera plus responsable.

99 — La marchandise sortie du magasin du vendeur ou
de l'expéditeur voyage, s'il n'y a convention contraire, aux
risques et périls de celui à qui elle appartient, sauf son
recours contre le commissionnaire et le voiturier chargés du
transport.

100 — La lettre de voiture forme un contrat entre l'expéditeur et le voiturier, ou entre l'expéditeur, le commissionnaire et le voiturier.

101 — La lettre de voiture doit être datée.
Elle doit exprimer, outre les stipulations qui peuvent être
intervenues entre les parties relativement au délai fixé
pour le transport et à l'indemnité prévue en cas de retard, la nature et le poids ou la contenance des objets à
transporter.
Elle indique: le nom et le domicile du commissionnaire par
l'entremise duquel le transport s'opère, le nom de celui à qui
la marchandise est adressée, le nom, la qualité et le domicile
du voiturier.
Elle énonce le prix de la voiture.
Elle est signée par l'expéditeur ou le commissionnaire.
Elle présente en marge les marques et numéros des objets
à transporter.
La lettre de voiture est copiée par le commissionnaire sur
son registre, sans intervalle et en entier.

102 — Le voiturier est garant de la perte des objets à
transporter, hors les cas de force majeure ; il est garant des
avaries, sauf si la perte et les avaries proviennent du vice
propre de la chose, de la force majeure ou de la faute ou de
la négligence de l'expéditeur.

103 — Si, par l'effet de la force majeure, le transport
n'est pas effectué dans le délai convenu, il n'y a pas lieu à
indemnité contre le voiturier pour cause de retard.

104 — La réception des objets transportés et le payement
du prix de la voiture éteignent toute action contre le voiturier,

si le défaut était extérieurement visible ; si le défaut n'est pas visible extérieurement, la constatation de l'avarie peut être faite par huissier ou le *cheik el beled* ; mais l'action n'est recevable que si la dénonciation en a été faite dans les quarante-huit heures de la réception et la demande en justice introduite dans les trente jours ; le tout outre les délais de distance.

105 — En cas de refus ou de contestations pour la réception des objets transportés, leur état est vérifié et constaté par des experts nommés par le tribunal de référé. Le dépôt ou sequestre et ensuite le transport à un endroit sûr, tel que la douane, ainsi que la vente d'une partie des marchandises jusqu'à concurrence du prix de la voiture, peuvent être ordonnés par le juge de référé.

106 — Les dispositions contenues dans la présente section sont communes aux maîtres des bateaux, aux chemins de fer, aux voitures publiques et à tous ceux qui transportent des effets.

107 — A défaut de la déclaration de la valeur des objets transportés, s'ils sont perdus, cette valeur ne sera appréciée par le tribunal que d'après les énonciations contenues à la lettre de voiture et d'après l'apparence extérieure des objets expédiés. Si la valeur a été déclarée, toutes preuves seront admises et le tribunal pourra s'en rapporter à la déclaration de l'expéditeur corroborée par serment.

108 — Si, après un jugement, même définitif, l'objet a été retrouvé et que sa valeur vraie soit constatée, la partie qui aura obtenu une indemnité plus forte pourra, malgré le jugement, être condamnée à payer une indemnité double de la différence en plus à lui adjugée et augmentée des frais faits.

109 — Toutes actions contre le commissionnaire et le voiturier, à raison de la perte ou de l'avarie des marchandises, sont prescrites après 180 jours pour les expéditions faites dans l'intérieur de l'Egypte, et après un an, pour celles faites à l'étranger ; le tout à compter, pour les cas de perte, du jour où le transport des marchandises aurait dû être effectué, et pour les cas d'avarie, du jour où la remise des marchandises aura été faite, sans préjudice des cas de fraude ou d'infidélité.

SECTION V. — Des lettres de change.

110 — La lettre de change est tirée d'un lieu sur un
autre ;

Elle est datée ;

Elle énonce la somme à payer, le nom de celui qui doit
payer, et l'époque et le lieu où le payement doit s'effectuer ;

Elle porte que la valeur a été reçue ;

Elle est au porteur ou à l'ordre d'un tiers, ou à l'ordre du
tireur lui-même.

Si elle est par première, deuxième, troisième, quatrième,
etc., elle l'énonce sur chacune d'elles ; en ce cas, une vaut
pour toutes, et toutes valent pour une.

111 — La lettre de change qui est à l'ordre du tireur n'indique que la valeur a été fournie que dans le premier endossement. Dans ce cas le lieu où est souscrit le premier endossement doit être autre que celui sur lequel la lettre de change
est tirée.

112 — Une lettre de change peut être tirée sur un indi-
vidu, et payable au domicile d'un tiers ; elle peut être tirée
par ordre et pour le compte d'un tiers.

113 — Sont réputés simples promesses, quand ils remplissent au surplus les conditions requises, les effets qua-
lifiés lettres de change qui ne remplissent par les formalités ci-dessus prescrites, et toutes lettres de change conte-
nant supposition soit de nom, soit de qualité, soit de domicile, soit des lieux d'où elles sont tirées ou dans lesquels
elles sont payables. Elles ne cessent pas toutefois d'être
transmissibles par voie d'endossement et d'être considérées
comme effets de commerce, si elles ont été créées entre commerçants ou pour actes de commerce.

Ceux qui connaissaient la supposition ne pourront l'opposer aux tiers qui n'en étaient pas avertis.

114 — Les lettres de change souscrites, les endossements
et les acceptations signés par des femmes et des filles non
commerçantes en leur propre nom, ne sont pas réputés actes
de commerce, en ce qui les concerne.

115 — Celles qui sont souscrites par des mineurs non
commerçants ou des incapables, et les endossements et
acceptations signés par eux, sont nuls à leur égard seulement.

116 — La provision doit être faite par le tireur ou par celui

3

pour le compte de qui la lettre de change est tirée sans que le tireur pour compte d'autrui cesse d'être personnellement obligé envers les endosseurs et le porteur seulement.

117 — La provision est censée faite chez celui sur qui la lettre est tirée si, à l'échéance de la lettre de change, celui sur qui elle est fournie est redevable au tireur ou à celui pour le compte de qui elle est tirée, d'une somme exigible au moins égale au montant de la lettre de change.

118 — L'acceptation suppose la provision. Elle en établit la preuve à l'égard des endosseurs. Soit qu'il y ait ou non acceptation, le tireur seul est tenu de prouver, en cas de dénégation, que ceux sur qui la lettre était tirée avaient provision à l'échéance : sinon il est tenu de la garantir, quoique le protêt ait été fait après les délais fixés, mais si, dans ce dernier cas, il prouve qu'il y avait provision à l'échéance et jusqu'au moment où le protêt devait être fait, il sera libéré jusqu'à concurrence du montant de la provision, à moins qu'elle n'ait été employée à son profit.

119 — Le tireur doit, même quand le protêt a été fait tardivement, fournir au porteur, aux frais de ce dernier, les titres nécessaires pour retirer la provision. Les syndics du tireur ont la même obligation, à moins qu'ils ne préfèrent relever le porteur de la déchéance et l'admettre au marc le franc pour le montant de la lettre de change.

120 — Toutefois la provision est acquise au porteur au jour de l'échéance, s'il y a eu affectation spéciale de cette provision au paiement de la lettre de change, et si le tiré a accepté en connaissance de l'affectation ou en a été averti avant la faillite du tireur, soit par un avis de ce dernier, soit par un protêt faute d'acceptation ou de payement même tardif. Hors ce cas d'affectation spéciale, la provision rentre dans la masse du tireur, quand il n'y a pas acceptation avant que la faillite soit connue de l'acceptant.

121 — S'il y a acceptation, le tiré conserve la provision, sauf à lui à satisfaire à cette acceptation vis-à-vis du porteur.

122 — Si le tiré tombe en faillite, la provision qui consiste dans une créance sur lui tombe dans la masse de sa faillite ; la provision qui consiste dans un corps certain ou une somme déposée est remise à qui de droit suivant les règles ci-dessus.

123 — Le tireur et les endosseurs d'une lettre de change sont garants solidaires de l'acceptation et du paiement à l'échéance.

124— Le refus d'acceptation est constaté par un acte que l'on nomme protêt faute d'acceptation.

125 — Sur la notification du protêt faute d'acceptation , les endosseurs et le tireur sont respectivement tenus de donner caution pour assurer le paiement de la lettre de change à son échéance , ou d'en effectuer le remboursement avec les frais de protêt et de rechange. La caution, soit du tireur, soit de l'endosseur, n'est solidaire qu'avec celui qu'elle a cautionné.

126 — Celui qui accepte une lettre de change contracte l'obligation d'en payer le montant. L'accepteur n'est pas restituable contre son acceptation, quand même le tireur aurait failli à son insu avant qu'il eût accepté.

127 — L'acceptation d'une lettre de change doit être signée. L'acceptation est exprimée par le mot *accepté*. Elle est datée, si la lettre est à un ou plusieurs jours, ou mois de vue ; et, dans ce dernier cas, le défaut de date de l'acceptation rend la lettre exigible aux termes y exprimés, à compter de sa date.

128 — L'acceptation d'une lettre de change payable dans un autre lieu que celui de la résidence de l'accepteur, indique le domicile où le payement doit être effectué ou les diligences faites.

129 — L'acceptation ne peut être conditionnelle, mais elle peut être restreinte quant à la somme acceptée. Dans ce cas , le porteur est tenu de faire protester la lettre de change pour le surplus.

130 — Une lettre de change doit être acceptée à sa présentation, ou au plus tard dans les vingt-quatre heures de sa présentation. Après les vingt-quatre heures, si elle n'est pas rendue acceptée ou non acceptée, celui qui l'a retenue est passible de dommages-intérêts envers le porteur.

131 — Lors du protêt faute d'acceptation , la lettre de change peut être acceptée par un tiers intervenant pour le tireur ou pour l'un des endosseurs. L'intervention est mise sur la lettre de change et mentionnée dans l'acte de protêt ; elle est signée par l'intervenant.

L'intervenant est tenu de notifier sans délai son intervention à celui pour qui il est intervenu, sous peine de frais et dommages-intérêts, s'il y a lieu.

132 — Le porteur de la lettre de change conserve tous ses droits contre le tireur et les endosseurs, à raison du défaut d'acceptation par celui sur qui la lettre était tirée, nonobstant toutes acceptations par intervention. L'intervenant n'est tenu de payer à l'échéance qu'après le protêt faute de paiement dans le délai fixé.

S'il paye avant le protêt, il perd ses droits contre ceux qui avaient intérêt à ce que la lettre de change fût protestée contre la personne sur qui elle était tirée primitivement.

133 — Une lettre de change peut être tirée :
A vue ;
A un ou plusieurs jours ou mois de vue ;
A un ou plusieurs jours ou mois de date ;
A jour fixe ou à jour déterminé, tel qu'une fête, une foire.

134 — La lettre de change à vue est payable à présentation.

135 — L'échéance d'une lettre de change à un ou plusieurs jours ou mois de vue est fixée par la date de l'acceptation ou par celle du protêt faute d'acceptation.

136 — Le mois se compte d'après le calendrier qui correspond à la date déterminée dans la lettre de change.

S'il s'agit d'une lettre de change payable à un ou plusieurs mois de vue et que l'acceptation soit datée, le mois sera calculé d'après le calendrier auquel correspond la date déterminée dans l'acceptation.

137 — Une lettre de change payable en foire est échue la veille du jour fixé pour la clôture de la foire, ou le jour de la foire, si elle ne dure qu'un jour.

138 — Si l'échéance d'une lettre de change est à un jour férié légal, elle est payable la veille.

139 — Tous délais de grâce, de faveur, d'usage ou d'habitude locale pour le payement d'une lettre de change sont abrogés.

140 — La propriété d'une lettre de change au porteur se transmet par la simple remise du titre ; la propriété d'une lettre de change payable à ordre se transmet, tant qu'elle n'est pas échue, par voie d'endossement.

141 — L'endossement est daté. Il exprime que la valeur a été fournie. Il énonce le nom de celui à l'ordre de qui il est passé.

142 — Si l'endossement n'est pas conforme aux dispositions de l'article précédent, il n'opère pas le transport ; il n'est qu'une procuration pour le recouvrement et pour la transmission, sauf à rendre compte du mandat, et sans que celui qui a opéré la transmission en ce cas cesse d'être personnellement obligé comme endosseur.

L'endossement en blanc peut être rempli après coup, pourvu qu'il corresponde à une opération réellement faite à la date portée à l'endossement.

143 — Il est défendu d'antidater les ordres; à peine de faux.

144 — Tous ceux qui ont signé, accepté ou endossé une lettre de change sont tenus à la garantie solidaire envers le porteur.

145 — Le payement d'une lettre de change, indépendamment de l'acceptation et de l'endossement, peut être garanti par un aval. Cette garantie est fournie par un tiers sur la lettre même ou par acte séparé et même par lettre missive.

146 — Le donneur de l'aval est tenu solidairement et par les mêmes voies que celui pour lequel il l'a donné, sauf les conventions différentes des parties. L'aval est donné pour le tireur ou pour les endosseurs.

147 — Celui qui a donné un aval pour le tireur ne peut se prévaloir du défaut de protêt, si ce n'est dans le cas où le tireur peut en exciper.

148 — Le protêt doit être dénoncé au donneur d'aval pour un endosseur comme à cet endosseur lui-même, à peine de déchéance.

149 — Une lettre de change doit être payée dans la monnaie qu'elle indique.

150 — Celui qui paye une lettre de change avant son échéance est responsable de la validité du payement.

151 — Celui qui paye une lettre de change à son échéance et sans opposition, est présumé valablement libéré.

152 — Le porteur d'une lettre de change ne peut être contraint d'en recevoir le payement avant l'échéance.

153 — Le payement d'une lettre de change fait sur une seconde, troisième, quatrième, etc., est valable, lorsque la seconde, troisième, quatrième, etc., porte que ce payement annule l'effet des autres.

154 — Celui qui paye une lettre de change sur une seconde, troisième, quatrième, etc., sans retirer celle sur laquelle se trouve son acceptation, n'est pas véritablement libéré à l'égard du tiers porteur de son acceptation.

155 — Il n'est admis d'opposition au payement qu'en cas de perte de la lettre de change ou de faillite du porteur.

156 — En cas de perte d'une lettre de change non acceptée, celui à qui elle appartient peut en poursuivre le payement sur une seconde, troisième, quatrième, etc.

157 — Si la lettre de change perdue est revêtue de l'acceptation, le payement ne peut être exigé sur une seconde, troisième, quatrième, etc., que par ordonnance du juge de service, et en donnant caution.

158 — Si celui qui a perdu la lettre de change, quelle soit acceptée ou non, ne peut représenter la seconde, troisième, quatrième, etc., il peut demander le payement de la lettre de change perdue et l'obtenir par l'ordonnance en justifiant de sa propriété par ses livres, et en donnant caution.

159 En cas de refus de payement, sur la demande formée en vertu des deux articles précédents, le propriétaire de la lettre de change perdue conserve tous ses droits pour un acte de protestation. Cet acte doit être fait le lendemain de l'échéance de la lettre de change perdue. Il doit être notifié aux tireurs et endosseurs, dans les formes et délais prescrits ci-après pour la notification du protêt. La protestation doit être faite dans les délais ci-dessus, même si l'ordonance du juge n'a pu être demandée faute de temps suffisant écoulé depuis la perte de la lettre de change.

160 — Le propriétaire de la lettre de change égarée, doit, pour s'en procurer la seconde, s'adresser à son endosseur immédiat qui est tenu de lui prêter son nom et ses soins pour agir envers son propre endosseur; et ainsi en remontant d'endosseur en endosseur jusqu'au tireur de la lettre. Le propriétaire de la lettre de change égarée supportera les frais.

161 — L'engagement de la caution mentionnée dans les ar-

ticles 157 et 158 est éteint, après 3 ans, si pendant ce temps,
il n'y a eu ni demandes, ni poursuites judiciaires.

162 — Les payements faits à compte, sur le montant
d'une lettre de change sont à la décharge des tireurs et endosseurs. Le porteur est tenu de faire protester la lettre de
change pour le surplus.

163 — Les juges ne peuvent accorder aucun délai pour
le payement d'une lettre de change.

164 — Une lettre de change protestée peut être payée par
tout intervenant pour le tireur ou pour l'un de ses endos
seurs. L'intervention et le payement seront constatés dans
l'acte du protêt ou à la suite de l'acte.

165 — Celui qui paye une lettre de change par intervention est subrogé aux droits du porteur et tenu des mêmes
devoirs pour les formalités à remplir.

Si le payement par intervention est fait pour le compte du
tireur, tous les endosseurs sont libérés ; s'il est fait pour un
endosseur, les endosseurs subséquents sont libérés.

166 — S'il y a concurrence pour le payement d'une lettre
de change par intervention, celui qui opère le plus de libéra-
tions est préféré. Si celui sur qui la lettre était originaire-
ment tirée, et sur qui a été fait le protêt faute d'acceptation
se présente pour la payer, il sera préféré à tous autres.

167 — Le porteur d'une lettre de change tirée du con-
tinent et des Etats riverains de la Méditerranée ou la Turquie
et payable en Egypte, soit à vue, soit à un ou plusieurs jours
ou mois de vue, doit en exiger le payement ou l'acceptation
dans les six mois de sa date, sous peine de perdre son recours sur les endosseurs et même sur le tireur, si celui-ci à
fait provision. Le délai est de huit mois pour les autres pays
d'Europe, il est d'un an pour les lettres de change tirées de
tout autre pays lointain. La même déchéance aura lieu contre
le porteur d'une lettre de change à vue, ou à un ou plusieurs
jours ou mois de vue, tirée des Etats et places de commerce
de l'Egypte et payable dans les pays étrangers, si ce tireur
n'en exige pas le payement ou l'acceptation dans les délais ci-
dessus prescrits pour chacune des distances respectives. Les
délais ci-dessus sont doubles en cas de guerre maritime.
Toutefois, les dispositions qui précèdent ne préjudicieront pas
aux stipulations contraires qui pourraient intervenir entre
le preneur, le tireur et même les endosseurs.

168 — Le porteur d'une lettre de change doit en exiger le payement le jour de son échéance.

169 — Le refus de payement doit être constaté par un protêt faute de payement le lendemain de l'échéance, outre le délai de distance entre le lieu où le protêt doit être fait et le siége du tribunal. Si le lendemain de l'échéance est un jour férié légal, le protêt est fait le jour suivant.

170 — Le porteur n'est dispensé du protêt faute de payement, ni par le protêt faute d'acceptation, ni par la mort ou faillite de celui sur qui la lettre de change est tirée ; dans le cas de faillite de l'accepteur avant l'échéance, le porteur peut immédiatement faire protester et exercer son recours.

La mention de *retour sans frais*, apposée par le tireur sur une lettre de change, dispense du protêt et de l'observation des délais pour les poursuites. Si la clause *sans frais* a été apposée par un endosseur, le tireur n'est pas dispensé du protêt, ni des formalités pour conserver son recours contre les endosseurs antérieurs.

171 — Le porteur d'une lettre de change protestée faute de payement peut exercer son action en garantie ou individuellement contre le tireur et chacun des endosseurs, ou collectivement contre les endosseurs et le tireur. La même faculté existe, pour chacun des endosseurs, à l'égard du tireur et des endosseurs qui le précèdent. La poursuite contre le tireur seul libère les endosseurs. La poursuite contre un endosseur libère les endosseurs subséquents non poursuivis.

172 — Si le porteur exerce le recours individuellement contre son cédant, il doit lui faire notifier le protêt, et à défaut de remboursement, le faire citer en jugement dans les quinze jours qui suivent la date du protêt, outre les délais de distance entre le domicile du tiré et celui du cédant.

173 Après le protêt des lettres de change tirées de l'Egypte et payables hors du territoire de l'Egypte, les tireurs et endosseurs résidant en Egypte seront poursuivis dans les délais ci-après : de trois mois pour la Turquie d'Europe continentale, la France, l'Italie et l'Autriche ; de quatre mois pour les autres contrées riveraines de la Méditerranée et l'Europe, et un an pour les autres pays. Les délais ci-dessus seront doublés en cas de guerre maritime.

174 — Si le porteur exerce son recours collectivement contre les endosseurs et le tireur, il jouit à l'égard de chacun d'eux du délai déterminé par les articles précédents.

175 — Chacun des endosseurs a le droit d'exercer le même recours ou individuellement ou collectivement, dans le même délai. A leur égard, le délai court du lendemain de la date de la citation en justice.

176 — Après l'expiration des délais ci-dessus pour la présentation de la lettre de change à vue, ou à un ou plusieurs jours ou mois de vue, pour le protèt faute de payement, pour l'exercice de l'action en garantie, le porteur de la lettre de change est déchu de tous droits contre les endosseurs.

177 — Les endosseurs sont également déchus de toute action en garantie contre leurs cédants, après les délais ci-dessus prescrits, chacun en ce qui le concerne.

178 — La même déchéance a lieu contre le porteur et les endosseurs, à l'égard du tireur lui-même, si ce dernier justifie qu'il y avait provision à l'échéance de la lettre de change. Le porteur, en ce cas, ne conserve d'action que contre celui sur qui la lettre était tirée.

179 — Les effets de la déchéance prononcée par les trois articles précédents, cessent en faveur du porteur contre le tireur ou contre celui des endosseurs qui, après l'expiration des délais fixés pour le protèt, la notification du protèt ou la citation en jugement, a reçu, par compte, compensation ou autrement, les fonds destinés au payement de la lettre de change.

180 — Indépendamment de l'action en garantie, le porteur d'une lettre de change protestée faute de payement, peut, en observant les formalités indiquées au Code de procédure, saisir conservatoirement les effets mobiliers des tireur, accepteur ou endosseurs.

181 — Les protèts faute d'acceptation ou de payement sont faits dans les formes prescrites pour tout acte d'huissier. Le protèt ne sera fait que par suite du refus d'acceptation ou de payement qui sera constaté au domicile de celui sur qui la lettre de change était payable, de celui qui s'était chargé de la payer au besoin et de celui qui a accepté par intervention, ce qui pourra être fait par un seul et même acte.

182 — L'acte de protèt contient la transcription littérale de la lettre de change, de l'acceptation, des endossements et des recommandations qui y seront indiquées et la sommation de payer le montant de la lettre de change. Il énonce la présence ou l'absence de celui qui doit payer, les motifs du refus de payer, et l'impuissance ou le refus de signer, et la protestation de l'huissier. La mention de la reconnaissance de la dette ne fait preuve que si elle est signée ou cachetée par la partie.

183 — Aucun acte en forme de certificat fait par des commerçants ou d'autres individus ne peut suppléer à l'acte de protêt fait dans les formalités prescrites, sauf le cas prévu ci-dessus quand la lettre de change a été égarée.

184 — Les huissiers ou personnes commises pour faire les protêts sont tenus, à peine de destitution, dépens et dommages-intérêts envers les parties, de laisser copie exacte des protêts, et de les inscrire en entier, jour par jour, et par ordre de dates, dans un registre particulier, coté, paraphé, et tenu dans les formes prescrites pour les répertoires.

185 — Le rechange s'effectue par une retraite.

186 — La retraite ne dispense pas des formalités de protêt et de poursuite.

187 — La retraite est une nouvelle lettre de change au moyen de laquelle le porteur se rembourse sur le tireur, ou sur l'un des endosseurs, du principal de la lettre protestée, de ses frais, et du nouveau change qu'il paye.

188 — La rechange se règle, à l'égard du tireur, par le cours du change du lieu où la lettre de change était payable sur le lieu d'où elle a été tirée. En aucun cas le tireur ne peut supporter un cours plus élevé. Il se règle à l'égard des endosseurs par le cours du change du lieu où la lettre de change a été remise ou négociée par eux, sur le lieu où le remboursement s'effectue.

189 — Chaque endosseur supporte le rechange de la retraite qu'il tire.

190 — La retraite est accompagnée d'un compte de retour.

191 — Le compte de retour comprend le principal de la lettre de change protestée, les frais de protêt et autres frais légitimes, tels que commission de banque, timbre et port de lettres. Il énonce le nom de celui sur qui la retraite est faite, et le prix du change auquel elle est négociée. Il est certifié par deux commerçants. Il est accompagné de la lettre de change protestée, du protêt ou d'une expédition de l'acte de protêt. Dans le cas où la retraite est faite sur l'un des endosseurs, elle est accompagnée, en outre, d'un certificat qui constate le cours du change du lieu où la lettre de change était payable, sur le lieu d'où elle a était tirée.

192 — Il ne peut être fait plusieurs comptes de retour sur une même lettre de change. Ce compte de retour est remboursé d'endosseur en endosseur respectivement, et définitivement par le tireur.

193 — Les rechanges ne peuvent être cumulés. Chaque endosseur n'en supporte qu'un seul, ainsi que le tireur.

194 — L'intérêt du principal de la lettre de change protestée faute de payement est dû à compter du jour du protêt.

195 — L'intérêt des frais du protêt, rechange et autres frais légitimes, n'est dû qu'à compter du jour de la demande en justice.

SECTION VI. — Des Billets à ordre et autres Effets de commerce.

196 — Toutes les dispositions relatives aux lettres de change et concernant l'échéance, l'endossement, la solidarité, l'aval, le payement par intervention, le protêt, les devoirs et droits du porteur, le rechange ou les intérêts sont applicables aux billets à ordre ou au porteur.

197 — Le billet à ordre est daté. Il énonce la somme à payer, le nom de celui à l'ordre de qui il est souscrit, l'époque à laquelle le payement doit s'effectuer; il porte que la valeur a été fournie.

Le billet au porteur contient les mêmes énonciations, sans le nom des bénéficiaires; il se transmet sans endossement.

198 — Les assignations à vue ou simples mandats de payement tirés dans la place où le payement doit avoir lieu, doivent être présentés dans les quarante-huit heures de leur date.

199 — Le retour qui en est fait dans ce délai peut être prouvé par toutes les preuves admises en matière de commerce.

200 — Si celui qui a tiré l'assignation prouve qu'il y avait provision, et si cette provision n'a pas été employée à son profit, le porteur en retard de présenter l'assignation perdra ses droits contre le tireur.

SECTION VII. — Prescription des actions en matière
d'effets de commerce.

201 — Toutes actions relatives aux lettres de change et aux effets de commerce, souscrits par des négociants, marchands ou banquiers, ou pour faits de commerce, se prescrivent par cinq ans, à compter du jour du protêt ou de la dernière poursuite judiciaire, s'il n'y a eu condamnation, ou si la dette n'a été reconnue par acte séparé. Néanmoins, les prétendus débiteurs seront tenus, s'ils en sont requis, d'affirmer sous serment qu'ils ne sont plus redevables, et leurs héritiers ou ayants cause, qu'ils estiment de bonne foi qu'il n'est plus rien dû.

CHAPITRE III.

De la Faillite.

SECTION I — Déclaration de faillite.

202 — Tout commerçant qui cesse ses payements pour raison d'insolvabilité actuelle est en état de faillite, et doit être, par jugement, déclaré en état de faillite.

203 — La déclaration de faillite peut être prononcée soit à la demande du débiteur, soit à la demande des créanciers, soit sur les réquisitions du ministère public, soit d'office.

204 — La faillite est prononcée à la requête du débiteur, sur sa seule déclaration au greffe du tribunal de son domicile, qu'il a cessé ses payements.

205 — Tout failli sera tenu, dans les trois jours de la cessation de ses payements, de faire cette déclaration. Le jour de la cessation des payements sera compris dans les trois jours. En cas de faillite d'une société en nom collectif ou en commandite, la déclaration, contiendra le nom et l'indication du domicile de chacun des associés solidaires.

206 — La déclaration du failli devra être accompagnée du dépôt du bilan ou contenir l'indication des motifs qui empêcheraient le failli de le déposer.

207 — Le bilan contiendra l'énumération et l'évaluation de tous les biens mobiliers et immobiliers du débiteur, l'état des dettes actives et passives, le tableau des profits et pertes, le tableau des dépenses ; il devra être certifié véritable, daté et signé par le débiteur.

208 — La demande en déclaration de faillite par les créanciers est introduite par une requête au tribunal, déposée au greffe où elle sera immédiatement enregistrée par extrait.

209 — Cette requête doit contenir la preuve ou l'indication

des faits desquels il résulte que le débiteur a en effet cessé ses payements.

210 — Le président, sur la communication qui lui est faite de la requête par le greffier, fixe le jour d'audience le plus prochain où il sera statué par le tribunal, et fait citer le débiteur par une lettre du greffier remise à la maison de commerce.

211 — Dans les cas urgents, le président peut ordonner l'apposition des scellés ou toute autre mesure conservatoire.

212 — La demande en déclaration de faillite peut être introduite également dans les formes ordinaires des demandes en justice et même incidemment.

Il n'est statué sur la faillite demandée par le ministère public qu'après avis donné au débiteur par lettre du greffier du jour de l'audience.

213 — Le tribunal et le ministère public pourront entendre le débiteur avant l'audience, ce qui aura toujours lieu si celui-ci le requiert.

214 — L'avis pourra être donné à vingt-quatre heures, ou même d'heure à heure en cas d'extrême urgence.

215 — La faillite sera demandée par le ministère public, et prononcée d'office, sans avis et sans délai, si le débiteur est en fuite ou s'il détourne son actif.

216 — En ce cas, les mesures conservatoires pourront être ordonnées par le juge.

217 — La faillite d'un commerçant décédé pourra être demandée et prononcée, à la condition qu'il soit établi qu'il est mort en état de cessation de payements, et que la demande ait été introduite dans les six mois du décès.

218 — L'avis ou la citation seront en ce cas remis à la maison mortuaire, sans qu'il soit besoin de désigner les héritiers.

219 — Le jugement qui prononcera la faillite d'un commerçant sera exécutoire provisoirement.

220 — Le jugement qui prononcera la faillite déterminera, soit d'office, soit à la poursuite de toute partie intéressée, l'époque à laquelle a eu lieu la cessation des payements. A défaut de détermination spéciale, la cessation des payements sera réputée avoir eu lieu à partir du jugement déclaratif de la faillite.

221 — L'époque de la cessation de payements pourra être déterminée par jugement ultérieur, auquel cas toutes les parties intéressées seront appelées par un avis inséré dans deux des journaux indiqués pour les publications judiciaires au moins huit jours à l'avance, et par une affiche apposée au tableau des publications dans le tribunal.

222 — Extrait des jugements rendus en vertu des deux articles précédents sera, par les syndics, publié dans deux journaux et affiché comme il est dit ci-dessus, tant au lieu où la faillite aura été déclarée, qu'à tous les lieux où le failli aura des établissements commerciaux.

223 — Le tribunal civil, relativement à une contestation déterminée, et les tribunaux de répression, relativement à la prévention, pourront toujours reconnaître incidemment l'état de faillite et l'époque de la cessation des payements, quand il n'y aura pas jugement du tribunal de commerce déclarant cette faillite ou fixant expressément le jour de la cessation des payements.

224 — Le jugement déclaratif de la faillite emporte de plein droit, à partir de sa date, dessaisissement pour le failli de l'administration de tous ses biens, même de ceux qui pourront lui échoir tant qu'il est en état de faillite, et opère de plein droit la séparation entre la masse de la succession recueillie par le débiteur et la masse de la faillite.

225 — A partir de ce jugement, toute action mobilière ou immobilière et toute voie d'exécution, tant sur les meubles que les immeubles, ne pourront être suivies ou intentées que contre les syndics. Toutefois, la vente sur saisie immobilière dont le jour aura été fixé et publié par affiche, sera faite sur l'autorisation du juge-commissaire, pour le compte de la masse, sauf l'exercice des priviléges et hypothèques.

226 — Le tribunal de commerce, lorsqu'il le jugera convenable, pourra recevoir le failli partie intervenante dans l'instance intentée contre la faillite.

227 — Les actions qui concernent exclusivement la personne du failli pourront toujours être intentées par lui ou contre lui.

228 — Les créanciers ne peuvent intenter une action au

nom du failli qu'à leurs frais et risques, et en appelant les syndics, au profit de qui la condamnation devra être prononcée s'il y a lieu.

229 — Le jugement déclaratif de la faillite rend exigibles, à l'égard du failli, les dettes passives non échues. En cas de faillite du souscripteur d'un billet à ordre, de l'accepteur d'une lettre de change, ou du tireur à défaut d'acceptation, les autres obligés seront tenus de donner caution pour le payement à l'échéance, s'il n'aiment mieux payer immédiatement.

230 — La faillite ne rend pas exigibles les loyers à échoir jusqu'à la fin du bail, pourvu que le droit de céder le droit au bail appartienne soit légalement, soit du consentement du bailleur à la masse des créanciers.

231 — Lorsqu'il s'agira d'une dette à plus d'une année d'échéance, le tribunal fixera le capital pour lequel le créancier sera admis à produire.

332 — Il en sera de même pour les rentes viagères ou perpétuelles, et toutes les dettes payables par termes périodiques dont le dernier dépassera une année à partir du jour de la déclaration de faillite.

233 — Le prorata de la dette conditionnelle sera payé sous caution ou déposé suivant le mode qui sera déterminé par le juge-commissaire.

234 — Le jugement déclaratif de la faillite arrête, à l'égard de la masse seulement, le cours des intérêts de toute créance non garantie par un privilége, par un nantissement ou par une hypothèque. Les intérêts des créances garanties ne pourront être réclamés que sur les sommes provenant des biens affectés au privilége, à l'hypothèque ou au nantissement.

235 — Sont nuls et sans effet, relativement à la masse, lorsqu'ils auront été faits par le débiteur depuis l'époque déterminée par le tribunal comme étant celle de le cessation de ses payements ou dans les dix jours qui auront précédé cette époque, tous les actes translatifs de propriétés mobilières ou immobilières à titre gratuit, tout payement, soit en espèces, soit par transport, vente, compensation ou autrement, pour dettes non échues.

236 — Tous payements faits par le débiteur pour dettes échues autrement qu'en espèces ou effets de commerce, et tous autre actes à titre onéreux présentant un avantage exception_nel au profit de celui qui a traité avec le failli, et que ce dernier aura passé après la cessation de ses payements, et avant le jugement déclaratif de la faillite, seront annulés, s'il est établi que ceux qui ont reçu les payements ou avec lesquels le failli a contracté connaissaient le dérangement de ses affaires.

237 — Il en sera de même de toute translation de propriété à titre gratuit consentie à toute époque, si le failli connaissait à cette époque le mauvais état imminent de ses affaires, même si le donataire était de bonne foi, à moins qu'il ne s'agisse d'un don nuptial non exagéré.

238 — Seront annulées également toutes opérations ou conventions quelconques à quelque époque qu'elles aient eu lieu, s'il est établi qu'elles ont été faites de la part des deux parties dans l'intention frauduleuse de porter un préjudice aux créanciers, et si ce préjudice a été effectivement porté.

239 — Les droits d'hypothèque et de privilége valablement acquis, pourront être inscrits jusqu'au jour du jugement déclaratif de la faillite; néanmoins, les inscriptions prises après l'époque de la cessation de payement, ou dans les dix jours qui précèdent, pourront être déclarées nulles, s'il s'est écoulé plus de quinze jours entre la date de l'acte constitutif de l'hypothèque ou du privilége, et celle de l'inscription. Ce délai sera augmenté du délai légal de distance entre le lieu où le droit de l'hypothèque aura été acquis et le lieu où l'inscription sera prise.

240 — Dans le cas où une lettre de change aurait été payée par le débiteur après l'époque fixée comme étant celle de la cessation des payements, et avant le jugement déclaratif de faillite, l'action en rapport ne pourra être intentée que contre celui pour compte duquel la lettre de change aura été fournie, ou, s'il s'agit d'un billet à ordre, contre le premier endosseur. Dans l'un et l'autre cas, la preuve que celui à qui on demande le rapport avait connaissance de la cessation des payements à l'époque de l'émission du titre, devra être fournie.

241 — Toutes voies d'exécution pour parvenir au payement des loyers sur les effets mobiliers servant à l'exploitation du commerce du failli, seront suspendues pendant trente jours, à partir du jugement déclaratif de faillite, sans préjudice de toutes mesures conservatoires, et du droit qui serait acquis au propriétaire de reprendre possession des lieux loués ; dans ce dernier cas, la suspension des voies d'exécution établie au présent article cessera de plein droit.

SECTION II. — De la nomination du juge-commissaire.

242 — Par le jugement qui déclarera la faillite, le tribunal de commerce désignera un magistrat pour juge-commissaire, afin de surveiller les opérations de la faillite.

243 — Le juge-commissaire sera chargé spécialement d'accélérer et de surveiller les opérations et la gestion de la faillite. Il fera au tribunal de commerce le rapport de toutes les contestations que la faillite pourra faire naître et qui seront de la compétence de ce tribunal.

244 — Les ordonnances du juge-commissaire ne seront susceptibles de recours que dans les cas prévus par la loi. Ces recours seront portés devant le tribunal de commerce.

245 — Il sera fait tous les mois rapport écrit au tribunal en chambre du conseil sur toutes les faillites ouvertes.

246 — Le tribunal de commerce pourra remplacer le juge-commissaire de la faillite par un autre magistrat.

SECTION III. — De l'apposition des scellés et des premières dispositions à l'égard de la personne du failli.

247 — Par le jugement qui déclarera la faillite, le tribunal de commerce ordonnera l'apposition des scellés sur le magasin et les effets du failli. Le même jugement ou tout jugement ultérieur rendu sur le rapport du juge-commissaire ordonnera, s'il y a lieu, l'emprisonnement du failli, ou la garde de sa personne par un officier de police ou du tribunal.

248 — Lorsque le failli se sera conformé aux dispositions des articles 205 et 206 et ne sera point, au moment de la déclaration, incarcéré pour autre cause, le tribunal de commerce ne prendra pas de mesures contre sa personne par le jugement déclaratif de faillite; dans tous les cas, le tribunal pourra donner mainlevée définitive ou provisoire des mesures ainsi ordonnées avec ou sans caution de se représenter à toute réquisition des syndics.

249 — Les scellés seront apposés immédiatement par le juge commissaire, et, au besoin, provisoirement par tout officier public ou fonctionnaire qu'il déléguera, sur les magasins, comp-

toirs , caisses , livres , papiers , meubles et effets du failli,
à moins que l'inventaire ne puisse être fait en un jour ,
auquel cas il y serait procédé sans désemparer. En cas de
faillite d'une société en nom collectif, les scellés seront apposés, non-seulement dans le siége principal de la société, mais
encore dans le domicile séparé de chacun des associés solidaires.

250 — Le greffier adressera, dans les vingt-quatre heures,
au ministère public, extrait du jugement déclaratif de faillite,
mentionnant les principales indications et dispositions qu'il
contient

251 — Les dispositions qui ordonneront le dépôt de la personne du failli dans une maison d'arrêt pour dettes , ou la
garde de sa personne, seront exécutées à la diligence, soit du
ministère public, soit des syndics de la faillite.

252 — Si les deniers appartenant à la faillite ne peuvent
suffire immédiatement aux frais de jugement , d'affiches ,
d'insertions, d'apposition de scellés et d'arrestation, ceux qui
concernent les officiers de justice seront faits par eux *en
débet,* et les autres, avancés par l'officier chargé d'encaisser
les frais de justice; le remboursement s'en fera par privilége
sur les premiers recouvrements.

SECTION IV. — De la nomination et du
remplacement des syndics.

253 — Par le jugement qui déclarera la faillite , le tribunal de commerce nommera un ou plusieurs syndics pro-
visoires.

254 — Le juge-commissaire convoquera immédiatement,
par lettres et insertions aux journaux, les créanciers portés
au bilan ou présumés, à se réunir sous sa présidence , à un
jour déterminé, dans un délai qui n'excèdera pas quinze
jours à partir du jugoment do déclaration de faillite.

255 — Il sera dressé procès-verbal de leur dires et observations, qui sera présenté au tribunal de commerce, et, sur
le rapport du juge-commissaire , le tribunal de commerce
nommera de nouveaux syndics ou continuera les premiers
dans leurs fonctions.

256 — Les syndics ainsi institués sont définitifs; cependant
ils peuvent être remplacés par le tribunal de commerce dans
les cas et suivant les formes qui seront déterminées.

257 — Le nombre des syndics pourra être à toute époque porté jusqu'à trois; ils pourront être choisis parmi les personnes étrangères à la masse, et recevoir, quelle que soit leur qualité, après avoir rendu compte de leur gestion, une indemnité que le tribunal arbitrera sur le rapport du juge-commissaire, et sauf opposition à la taxe dans la quinzaine, par toute partie intéressée.

258 — Aucun parent ou allié du failli jusqu'au 6ᵉ degré inclusivement ne pourra être nommé syndic.

259 — Lorsqu'il y aura lieu de procéder à l'adjonction ou au remplacement d'un ou plusieurs syndics, il en sera référé par le juge-commissaire au tribunal de commerce qui procédera à la nomination, sans qu'il soit besoin de convoquer à nouveau les créanciers.

260 — S'il a été nommé plusieurs syndics, ils ne pourront agir que collectivement, sauf le cas où le juge-commissaire autoriserait un syndic à faire, sous sa responsabilité personnelle, une ou plusieurs opérations déterminées.

261 — Les syndics peuvent se donner réciproquement procuration d'agir l'un pour l'autre.

262 — Il sont solidaires de leur gestion.

263 — S'il s'élève des réclamations contre quelqu'une des opérations des syndics, le juge-commissaire statuera dans le délai de trois jours, sauf recours devant le tribunal de commerce.

264 — Le juge-commissaire pourra, sur les réclamations à lui adressées par le failli ou par des créanciers, proposer la révocation d'un ou plusieurs des syndics.

265 — Si, dans les huit jours, le juge-commissaire n'a pas fait droit aux réclamations qui lui ont été adressées relativement à la révocation des syndics, ou s'il les a rejetées, ces réclamations pourront être portées devant le tribunal de commerce. Le tribunal, en chambre du conseil, entendra le rapport du juge-commissaire et les explications des syndics, et prononcera à l'audience sur la demande de révocation.

266 — Le tribunal pourra, s'il n'y a aucun tort à reprocher au syndic, ordonner simplement son remplacement, s'il le croit utile à l'intérêt des créanciers.

SECTION V. — Des fonctions des syndics.

§ 1er. — Dispositions générales.

267 — Si l'apposition des scellés n'avait point eu lieu avant la nomination des syndics, ils requerront le juge-commissaire d'y procéder.

268 — Le juge-commissaire pourra également, sur la demande des syndics, et selon l'exigence des cas, les dispenser de faire placer sous les scellés ou les autoriser à en faire extraire : 1° les vêtements et effets nécessaires au failli et à sa famille, dont il sera dressé un état approuvé par le juge-commissaire et qui leur seront délivrés ; 2° les objets sujets à dépérissement prochain ou à dépréciation imminente ; 3° les objets servant à l'exploitation du fonds de commerce. Dans ces deux dernier cas, il sera dressé inventaire avec prisée qui sera signé par le juge-commissaire.

269 — La vente des objets sujets à dépérissement ou dépréciation imminente, ou dispendieux à conserver, aura lieu à la diligence des syndics, sur l'autorisation du juge-commissaire.

270 — Les syndics pourront continuer d'exploiter le fonds de commerce ou le faire exploiter par un tiers agréé par le juge et sous sa surveillance.

271 — Ne seront pas placés sous les scellés, ou en seront extraits pour être remis aux syndics, après description et inventaire qui restera aux mains du juge-commissaire : 1° les livres qui seront arrêtés par le juge ; 2° les effets de portefeuille à courte échéance ou susceptibles d'acceptation qui seront remis aux syndics pour en poursuivre le recouvrement ou faire les diligences nécessaires. Les autres créances seront recouvrées par les syndics sur leur quittance.

272 — Les lettres adressées au failli seront remises aux syndics, qui les ouvriront ; le failli, s'il est présent, pourra assister à l'ouverture.

273 — Le failli pourra obtenir pour lui et sa famille, sur l'actif de la faillite, des secours alimentaires qui seront fixés par le juge-commissaire, après avoir entendu les syndics et sauf recours au tribunal de la part de tout intéressé.

274 — Les syndics appelleront le failli auprès d'eux, pour clore et arrêter les livres en sa présence ou pour fournir tous renseignements. S'il ne se rend pas à l'invitation, il sera sommé de comparaître dans les quarante-huit heures au plus tard; il pourra comparaître par fondé de pouvoirs, s'il justifie de causes d'empêchement reconnues valables par le juge-commissaire. En cas de refus de comparaître le tribunal pourra ordonner l'arrestation du failli.

275 — Dans le cas où le bilan n'aurait pas été déposé par le failli, les syndics le dresseront immédiatement à l'aide des livres et papiers du failli, et des renseignements qu'ils se procureront, et ils le déposeront au tribunal de commerce.

276 — Le juge-commissaire est autorisé à entendre le failli, ses commis et employés et toute autre personne, tant sur ce qui concerne la formation du bilan, que sur les causes et les circonstances de la faillite.

277 — Lorsqu'un commerçant aura été déclaré en faillite après son décès, ou lorsque le failli viendra à décéder après la déclaration de la faillite, si ses enfants ou héritiers ne sont pas absents, ils pourront se présenter avec sa veuve, ou se faire représenter pour les suppléer dans la formation du bilan, ainsi que dans toutes les autres opérations de la faillite.

§ 2. — De la levée des scellés et de l'inventaire.

278 — L'inventaire sera dressé en double minute, à mesure que les scellés seront levés, en présence du greffier qui signera chaque vacation. L'une de ces minutes sera déposée au tribunal de commerce dans les vingt-quatre heures, l'autre restera entre les mains des syndics. Les syndics seront libres de se faire aider, pour sa rédaction, comme pour l'estimation des objets, par qui ils jugeront convenable. Il sera fait à l'inventaire mention des objets qui n'auront pas été mis sous scellés ou en auraient été extraits ainsi qu'il est dit ci-dessus.

279 — En cas de déclaration de faillite après décès, lorsqu'il n'aura point été fait d'inventaire antérieurement à cette déclaration, ou en cas de décès du failli avant l'ouverture de l'inventaire, il y sera procédé immédiatement dans les formes des articles précédents, et en présence des héritiers, ou eux dûment appelés.

280 — En toute faillite, les syndics, dans la quinzaine du jugement déclaratif de faillite, seront tenus de remettre au juge-commissaire un mémoire ou compte sommaire de l'état apparent de la faillite, de ses principales causes et circonstances et du caractère qu'elle paraît avoir.

281 — Ils devront fournir de nouveaux mémoires toutes les fois qu'il se révèlera un fait important relatif aux mêmes circonstances.

282 — Le juge-commissaire transmettra immédiatement les mémoires avec ses observations à l'officier du ministère public. S'ils ne lui ont pas été remis dans les délais prescrits, il devra prévenir le parquet et en indiquer les causes.

283 — Les officiers du ministère public pourront se transporter au domicile du failli et assister à l'inventaire. Ils auront droit à toute époque de demander des éclaircissements sur l'état de la faillite et la gestion des syndics, et de requérir communication de tous les actes, livres ou papiers relatifs à la faillite.

§ 3. — De la vente des marchandises et meubles,
et des recouvrements.

284 — L'inventaire terminé, les marchandises, l'argent, les titres actifs, les livres et papiers, meubles et effets du failli, seront remis aux syndics, qui s'en chargeront au bas dudit inventaire.

285 — Les syndics continueront de procéder, sous la surveillance du juge-commissaire, au recouvrement des dettes actives.

286 — Le juge-commissaire pourra autoriser les syndics à procéder à la vente des effets mobiliers ou marchandises du failli ou du fonds de commerce. Il décidera, si la vente se fera, soit à l'amiable, soit aux enchères publiques, par l'entremise des courtiers ou de tout officier public, ou dans les formes spécifiées au Code de procédure pour vente sur saisie.

287 — Les syndics pourront, le failli dûment appelé, transiger sur toutes contestations qui intéressent la masse, même sur celles qui sont relatives à des droits et actions immobiliers. Si l'objet de la transaction est d'une valeur indéterminée où s'il excède 1,000 piastres, la transaction ne sera obligatoire qu'après avoir été homologuée par le tribunal de commerce pour les transactions relatives à des droits mobiliers, et par le tribunal civil pour les transactions relatives à des droits immobiliers.

288 — Le failli sera appelé à l'homologation.
Son opposition suffira pour empêcher la transaction, si elle a pour objet des biens immobiliers.

289 — Les syndics devront déposer à la caisse du tribunal, et sous déduction de la somme arbitrée par le juge-commissaire pour les dépenses courantes, les fonds provenant des opérations de la faillite qui ne pourront en être retirés que sur ordonnance du juge-commissaire.

290 — Faute par eux de justifier du versement dans les trois jours des recettes, ils seront de plein droit tenus des intérêts.

291 — A toute époque, le juge-commissaire pourra ordonner qu'une répartition sera faite entre les créanciers vérifiés, sauf à conserver une somme suffisante pour les productions qui ont donné lieu à litige, et ce, sur un état de répartition dressé par le syndic et ordonnancé par le juge.

292 — Toute partie intéressée pourra requérir cette répartition, qui ne pourra être refusée, toutes les fois que la somme encaissée et libre représentera incontestablement 5 0/0 des créances.

293 — Si le failli est en liberté, les syndics pourront l'employer pour faciliter et éclairer leur gestion. Le juge-commissaire fixera les conditions de son travail.

§ 4. — Des actes conservatoires.

294 — A compter de leur entrée en fonctions, les syndics seront tenus de faire tous actes pour la conservation des droits du failli contre ses débiteurs; ils devront aussi, dans la quinzaine au plus tard de leur gestion, prendre au bureau des hypothèques les inscriptions qui n'auraient pas été prises par le failli sur les immeubles de ses débiteurs, s'il y avait droit.

295 — Ils seront aussi tenus de faire transcrire au bureau des hypothèques de la situation des immeubles du failli, un extrait du jugement qui a prononcé la faillite.

§ 5. — De la vérification des créances.

296 — A partir du jugement déclaratif de la faillite, les créanciers, même ceux qui sont privilégiés, hypothécaires ou gagistes, remettront au tribunal de commerce leurs titres, avec un bordereau indicatif des sommes par eux réclamées. Le greffier du tribunal de commerce devra en tenir état et en donner récépissé. Il ne sera responsable des titres que pendant cinq années, à partir du jour de l'ouverture du procès-verbal de vérification.

297 — Les créanciers qui, à l'époque du maintien ou du remplacement des syndics, en exécution de l'article 255, n'auront pas remis leurs titres, seront immédiatement avertis, par des insertions dans un journal, par une affiche au tableau des publications judiciaires, et par lettres du greffier, s'ils sont connus, qu'ils doivent se présenter en personne ou par fondés de pouvoirs, dans le délai de vingt jours, à partir des dites insertions, affiches et lettres, aux syndics de la faillite, et leur remettre leurs titres accompagnés d'un bordereau indicatif des sommes par eux réclamées, si mieux ils n'aiment en faire le dépôt au greffe du tribunal de commerce; il leur en sera donné récépissé. A l'égard des créanciers domiciliés hors du lieu où les affaires de la faillite sont jugées, ce délai sera augmenté des délais de distance entre le lieu où siége le tribunal et le domicile du créancier.

298 — La vérification des créances commencera dans les trois jours de l'expiration des délais aux créanciers connus et domiciliés en Égypte. Elle sera continuée sans interruption. Elle se fera aux lieu, jour et heure indiqués par le juge-commissaire. ·L'avertissement aux créanciers, ordonné par l'article précédent contiendra mention de cette indication. Néanmoins les créanciers seront de nouveau convoqués à cet effet, tant par lettres du greffier, que par une affiche au tableau des publications et une insertion dans les journaux.

299 — Les créances des syndics seront vérifiées par le juge-commissaire; les autres le seront contradictoirement entre le créancier ou son fondé de pouvoirs et les syndics, en présence du juge-commissaire qui en dressera le procès-verbal.

300 — La vérification aura lieu autant que possible le même jour; il n'y aura remise que lorsque le temps aura manqué pour vérifier les titres des créanciers qui se seront présentés à la première réunion.

301 — Cette réunion sera prorogée sur le procès-verbal, sans qu'il y ait lieu à nouvelle convocation.

302 — Les créanciers non domiciliés dans la ville où siége le tribunal, devront élire domicile dans cette ville; sinon, toute signification ou lettre leur sera valablement adressée au greffe.

303 — Tout créancier vérifié ou porté au bilan pourra assister à la vérification des créances, et fournir des contredits aux vérifications faites et à faire. Le failli aura le même droit.

304 — Le procès-verbal de vérification indiquera le domicile des créanciers et de leurs fondés de pouvoirs. Il contiendra la description sommaire des titres, mentionnera les surcharges, ratures et interlignes, et exprimera si la créance est admise ou contestée.

305 — Si la créance est admise, les syndics signeront, sur chacun des titres, la déclaration suivante : « Admis au passif de la faillite de....pour la somme de.....le .. » Le juge-commissaire visera la déclaration. Le failli sera mis en demeure de la signer, s'il est présent.

306 — Chaque créancier, séance tenante, ou dans la huitaine au plus tard après que sa créance aura été vérifiée, sera tenu d'affirmer entre les mains du juge-commissaire, que ladite créance est sincère et véritable ; sinon, il ne prendra pas part aux répartitions jusqu'à ce qu'il ait fait son affirmation. L'affirmation pourra se faire sans convocation ni séance publique.

307 — Si la créance est contestée, le juge-commissaire renverra à jour fixe, sur le procès-verbal et sans qu'il soit besoin de citation, devant le tribunal de commerce qui jugera sur son rapport.

Le tribunal de commerce pourra ordonner qu'il soit fait, devant le juge-commissaire, enquête sur les faits, et que les personnes qui pourront fournir des renseignements soient, à cet effet, citées par devant lui.

308 — Il statuera comme sur affaire urgente, et autant que possible par un même jugement sur toutes les contestations.

309 — Dans tous les cas, le tribunal de commerce pourra, même d'office, ordonner la représentation des livres du créancier, ou demander qu'il en soit rapporté un extrait fait par les juges du lieu.

310 — Le jugement des contestations élevées lors de la convocation ci-dessus, le concordat et les premières répartitions à faire, s'il y a lieu, seront poursuivis sans qu'il soit besoin d'attendre les délais accordés aux créanciers connus, domiciliés à l'étranger.

311 — Toutefois, il ne sera procédé soit au concordat, soit aux répartitions que cinquante jours au plus tôt après la publication du jugement qui aura déclaré la faillite, sauf, en ce qui concerne les répartitions, ce qui sera dit pour les créanciers domiciliés à l'étranger.

312 — Lorsque la contestation faite au procès-verbal de vérification sur l'admission d'une créance aura été portée devant le tribunal de commerce, ce tribunal, si la cause n'est point en état de recevoir jugement définitif avant l'expiration des délais accordés aux créanciers connus et domiciliés sur le territoire égyptien, ou des cinquante jours ci-dessus si ces délais sont moindres, ordonnera, selon les circonstances, qu'il sera sursis ou passé outre à la convocation de l'assemblée pour la formation du concordat.

313 — Si le tribunal ordonne qu'il sera passé outre, il pourra décider par provision que le créancier contesté sera admis dans les délibérations pour une somme que le jugement déterminera.

314 — Il en sera de même quand la contestation se trouvera portée devant un autre tribunal; toutefois, si cette contestation est soumise au tribunal civil, ce sera ce tribunal qui fixera par provision la somme pour laquelle le créancier contesté sera admis aux délibérations du concordat.

315 — Le tribunal de commerce fixera le délai dans lequel le créancier devra faire statuer, par le tribunal civil, sur la fixation provisoire après lequel délai il sera passé outre, sans qu'il soit admis à délibérer, tant que sa créance ne sera pas fixée.

316 — Dans le cas où une créance serait l'objet d'une instruction criminelle ou correctionnelle, le tribunal de commerce pourra également prononcer le sursis. Le créancier contesté, dans ce cas, ne pourra prendre part aux opérations de la faillite, et sa créance ne pourra être admise par provision, tant que les tribunaux compétents n'auront pas statué.

317 — Le créancier dont le privilége ou l'hypothèque seulement serait contesté, sera admis dans les délibérations de la faillite comme créancier ordinaire.

318 — Les créanciers qui produiront jusqu'au concordat seront vérifiés et affirmés à la séance du concordat. Ceux qui seront dans les délais pourront seuls contester les créances antérieures. S'ils élèvent des contestations et s'il en est élevé contre eux, la fixation provisoire de la créance contestée sera faite par le juge.

319 — Si les créanciers qui n'ont pas produit dans les délais sont contestés, ils ne prendront part ni au concordat ni aux répartitions, jusqu'à ce qu'il ait été statué sur la contestation par un jugement ayant acquis force de chose jugée.

320 — Si, après le rejet du concordat, il est présenté, dans les délais, des productions par des créanciers domiciliés à l'étranger, il est fait une nouvelle convocation par le juge au moyen d'insertions, lettres et affiches, pour leur vérification.

Les productions en retard pourront être admises à cette réunion sous les réserves indiquées à l'article précédent.

321 — En dehors des cas ci-dessus, les productions nouvelles ne pourront se faire que par voie d'opposition entre les mains des syndics avec citation devant le tribunal à huitaine franche. L'opposition sera aux frais des produisants ; il sera aussi, à leurs frais, adressé, trois jours à l'avance, par le greffier, des lettres d'avis pour le jour d'audience aux créanciers admis qui pourront intervenir à leurs propres risques.

322 — L'opposition des nouveaux créanciers ne pourra suspendre l'exécution des répartitions ordonnancées par le juge-commissaire ; mais s'il est procédé à des répartitions nouvelles avant qu'il ait été statué sur leur opposition, ils seront compris pour la somme qui sera provisoirement déterminée par le tribunal de commerce et qui sera tenue en réserve jusqu'au jugement de leur opposition. S'ils se font ultérieurement reconnaître créanciers, ils ne pourront rien réclamer sur les répartitions ordonnancées par le juge-commissaire ; mais ils auront le droit de prélever sur l'actif non encore réparti les dividendes afférents à leurs créances dans les premières répartitions.

323 — En dehors des contestations autorisées dans les formes ci-dessus, tout créancier admis ou contesté pourra, même tardivement, contester par une action directe devant le tribunal une créance produite ou admise, pourvu qu'il ne soit pas intervenu un jugement d'admission passé en force de chose jugée, mais sans arrêter les opérations de la faillite.

Les syndics et le failli seront mis en cause.

224 Les jugements et ordonnances qui accorderont ou refuseront un sursis sur les contestations ou qui statueront sur la fixation provisoire des créances contestées ne seront susceptibles d'aucun recours.

SECTION VI. — Du concordat et de l'union.

§ 1er. — De la convocation et de l'assemblée de créanciers.

325 — Dans les trois jours qui suivront le délai prescrit de huitaine pour l'affirmation et au plus tôt cinquante jours après la notification du jugement déclaratif de la faillite, le juge-commissaire convoquera les créanciers dont les créances auront été vérifiées et affirmées, ou admises par provision, à l'effet de délibérer sur la formation du concordat. Cette convocation se fera par des annonces qui seront affichées sur la porte du magasin du failli, au tableau des publications dans le tribunal et aux endroits déterminés par le règlement du tribunal et par des insertions dans les journaux. Les annonces, les insertions et les lettres de convocation indiqueront l'objet de l'assemblée.

326 — Aux lieu, jour et heure qui seront fixés par le juge-commissaire, l'assemblée se formera sous sa présidence. Les créanciers vérifiés et affirmés ou admis par provision, s'y présenteront en personne ou par fondés de pouvoirs. Le failli sera appelé à cette assemblée; il devra s'y présenter en personne, s'il est en liberté, et il ne pourra se faire représenter que pour des motifs valables et approuvés par le juge-commissaire.

Les syndics feront à l'assemblée un rapport sur l'état de la faillite, sur les formalités qui auront été remplies et les opérations qui auront eu lieu ; le failli sera entendu. Le rapport des syndics sera remis, signé d'eux, au juge-commissaire, qui dressera procès-verbal de ce qui aura été dit et décidé dans l'assemblée.

§ 2. — Du concordat.

327 — Il ne pourra être consenti de traité entre les créanciers délibérants et le débiteur failli, qu'après l'accomplissement des formalités ci dessus proscrites ; ce traité ne s'établira que par le concours d'un nombre de créanciers formant la majorité et représentant, en outre, les trois quarts de la totalité des créances vérifiées et affirmées ou admises par provision, conformément aux dispositions ci-dessus; le tout à peine de nullité.

328 — Les créanciers hypothécaires et les créanciers privilégiés ou nantis d'un gage, n'auront pas voix dans les opérations relatives au concordat pour lesdites créances, et elles n'y seront comptées que s'ils renoncent à leurs hypothèques, gages ou priviléges. Le vote au concordat emportera de plein droit cette renonciation, même si le concordat n'est pas admis.

329 — Le concordat sera, à peine de nullité, signé séance tenante. S'il est consenti seulement par la majorité en nombre ou par la majorité de trois quarts en somme, la délibération sera remise à huitaine pour tous délais; dans ce cas, les résolutions prises et les adhésions données lors de la première assemblée demeureront sans effet.

330 — Si le failli a été condamné comme banqueroutier frauduleux, le concordat ne pourra être formé. Lorsqu'une instruction en banqueroute frauduleuse aura été commencée, les créanciers seront convoqués à l'effet de décider s'ils se réservent de délibérer sur un concordat en cas d'acquittement, et si, en conséquence, ils surseoient à statuer jusqu'après l'issue des poursuites. Ce sursis ne pourra être prononcé qu'à la majorité en nombre et en somme déterminée par l'article 327. Si, à l'expiration du sursis, il y a lieu à délibérer sur le concordat, les règles établies par le précédent article seront applicables aux nouvelles délibérations.

331 — Si le failli a été condamné comme banqueroutier simple, le concordat pourra être formé; néanmoins, en cas de poursuites commencées, les créanciers pourront surseoir à délibérer jusqu'après l'issue des poursuites, en se conformant aux dispositions de l'article précédent.

332 — Tous les créanciers ayant eu droit de concourir au concordat, ou dont les droits auront été reconnus depuis, pourront y former opposition.

L'opposition sera motivée, et devra être signifiée aux syndics et au failli à peine de nullité, dans les huit jours qui suivront le concordat: elle contiendra assignation à la première audience du tribunal de commerce.

333 — S'il n'a été nommé qu'un seul syndic, et s'il se rend opposant au concordat, il devra provoquer la nomination d'un nouveau syndic, vis-à-vis duquel il sera tenu de remplir les formalités prescrites au précédent article.

334 — Si le jugement de l'opposition est subordonné à la solution de questions étrangères, à raison de la matière, à la compétence du tribunal de commerce, ce tribunal surseoira à prononcer jusqu'après la décision de ces questions. Il fixera un bref délai dans lequel le créancier opposant devra saisir les juges compétents et justifier de ses diligences.

335 — L'homologation du concordat sera poursuivie devant le tribunal de commerce, sur simple requête par la partie la plus diligente, et jugée comme en matière urgente sur les conclusions du ministère public. Le tribunal ne pourra statuer avant l'expiration du délai fixé par l'article 332.

336 — Si, pendant ce délai, il a été formé des oppositions, le tribunal de commerce pourra statuer sur ces oppositions et sur l'homologation par un seul et même jugement.

Si l'opposition est admise, l'annulation du concordat sera prononcée à l'égard de tous les intéressés.

Dans tous les cas, avant qu'il soit statué sur l'homologation, le juge-commissaire fera au tribunal de commerce un rapport sur les caractères de la faillite et sur l'admissibilité du concordat.

337 — En cas d'inobservation des règles ci-dessus prescrites, où lorsque des motifs tirés soit de l'intérêt public, soit de l'intérêt des créanciers, paraîtront de nature à empêcher le concordat, le tribunal en refusera l'homologation.

§ 3. — Des effets du concordat.

338 — L'homologation du concordat le rendra obligatoire pour tous les créanciers portés ou non portés au bilan, vérifiés ou non vérifiés, et même pour les créanciers domiciliés hors du territoire de l'Égypte, ainsi que pour ceux qui, en vertu des articles ci-dessus, auraient été admis par provision à délibérer, quelle que soit la somme que le jugement définitif leur attribuerait ultérieurement.

L'homologation conservera à chacun des créanciers, sur les immeubles du failli, une hypothèque résultant de la transcription du jugement de déclaration de faillite.

A cet effet, les syndics feront inscrire aux hypothèques, au nom de chaque créancier, le jugement d'homologation, à moins qu'il n'en ait été décidé autrement par le concordat.

339 — Aussitôt après que le jugement d'homologation sera passé en force de chose jugée, les fonctions des syndics cesseront; les syndics rendront au failli leur compte définitif, en présence du juge-commissaire. Ce compte sera débattu et arrêté, à moins qu'il n'en ait été convenu autrement au concordat.

Les syndics remettront au failli l'universalité de ses biens, livres, papiers et effets. Le failli en donnera décharge. Il sera dressé du tout procès-verbal par le juge-commissaire dont les fonctions cesseront. En cas de contestation, le tribunal de commerce prononcera sur simple renvoi du juge-commissaire à l'audience et sans citation.

340 — Si le concordat a lieu par abandon d'actif, les syndics rendront compte à l'assemblée générale des créanciers. Il sera au surplus procédé, pour l'actif abandonné, de la même manière qu'il sera dit ci-après en cas d'union.

§ 4. — De l'annulation ou de la résolution du concordat.

341 — Aucune action en nullité de l'homologation du concordat ne sera recevable que pour cause de dol découvert depuis cette homologation et résultant soit de la dissimulation de l'actif, soit de l'exagération du passif, et pour condamnation en banqueroute frauduleuse.

L'annulation du concordat soit pour dol, soit par suite de condamnation pour banqueroute frauduleuse intervenue après son homologation, libère de plein droit les cautions.

342 — En cas d'inexécution par le failli des conditions de son concordat, la résolution de ce traité pourra être poursuivie contre lui devant le tribunal de commerce, en présence des cautions, s'il en existe; la résolution du concordat ne libèrera pas les cautions qui y seront intervenues pour en garantir l'exécution totale ou partielle.

343 — Lorsque, après l'homologation du concordat, le failli sera poursuivi pour banqueroute frauduleuse et placé sous mandat de dépôt ou d'arrêt, le tribunal de commerce pourra prescrire telles mesures conservatoires qu'il appartiendra. Ces mesures cesseront de plein droit du jour de la déclaration qu'il n'y a lieu à suivre, de l'ordonnance d'acquittement ou de l'arrêt d'absolution.

Sur le vu de l'arrêt de condamnation pour banqueroute frauduleuse, ou par le jugement qui prononcera soit l'annulation, soit la résolution du concordat, le tribunal de commerce nommera un juge-commissaire et un ou plusieurs syndics ; ces syndics pourront faire apposer les scellés. Ils procèderont sans retard, sur l'ancien inventaire, au récolement des valeurs, actions et papiers, et feront, s'il y a lieu, un supplément d'inventaire. Ils dresseront un bilan supplémentaire.

L'invitation de produire sera faite conformément aux dispositions énoncées à la section V, § 5, par affiches, insertions et lettres aux créanciers nouveaux, s'il en existe ; ces affiches, insertions et lettres contiendront extrait du jugement qui nomme les syndics.

Il sera procédé sans retard à la vérification des titres de créances, produits en vertu de l'article précédent. Il n'y aura pas lieu à nouvelle vérification des créances antérieurement admises et affirmées, sans préjudice néanmoins du rejet ou de la réduction de celles qui depuis auraient été payées en tout ou en partie.

344 — Ces opérations mises à fin, s'il n'intervient pas de nouveau concordat, les créanciers seront convoqués à l'effet de donner leur avis sur le maintien ou le remplacement des syndics. Il ne sera procédé aux répartitions qu'après l'expiration, à l'égard des créanciers nouveaux, des délais accordés aux personnes domiciliées en Égypte, et au plus tard dans les cinquante jours de la publication du jugement qui nomme les syndics.

345 — Les actes faits par le failli, postérieurement au jugement d'homologation et antérieurement à l'annulation ou à la résolution du concordat, ne seront annulés qu'en cas de fraude aux droits des créanciers.

346 — Les créanciers antérieurs au concordat rentreront dans l'intégralité de leurs droits à l'égard du failli seulement; mais ils ne pourront figurer dans la masse que pour les proportions suivantes, savoir : s'ils n'ont touché aucune part du dividende, pour l'intégralité de leurs créances ; s'ils ont reçu une partie du dividende, pour la portion de leurs créances primitives correspondante à la portion du dividende promis qu'ils n'auront pas touchée. Les dispositions du présent article seront applicables au cas où une seconde faillite viendra à s'ouvrir sans qu'il y ait eu préalablement annulation ou résolution du concordat.

§ 5. — De la clôture en cas d'insuffisance de l'actif.

347 — Si, avant l'homologation du concordat ou la formation de l'union, le cours des opérations de la faillite se trouve arrêté par insuffisance de l'actif, le tribunal de commerce pourra, sur le rapport du juge-commissaire, prononcer, même d'office, la clôture des opérations de la faillite ; ce jugement fera rentrer chaque créancier dans l'exercice de ses actions individuelles contre le failli. Pendant un mois, à partir de sa date, l'exécution de ce jugement sera suspendue.

348 — Le failli ou tout autre intéressé pourra, à toute

époque, faire rapporter par le tribunal le jugement mentionné dans l'article précédent, en justifiant qu'il existe des fonds pour faire face au frais des opérations de la faillite, ou en faisant consigner, entre les mains des syndics, la somme suffisante pour y pourvoir. Dans tous les cas, les frais de la procédure suivie, en vertu de l'article précédent, devront être préalablement acquittés.

§ 6. — De l'union des créanciers.

349 — S'il n'intervient point de concordat, les créanciers seront de plein droit en état d'union.

Le juge-commissaire les consultera immédiatement tant sur les faits de la gestion que sur l'utilité du maintien ou du remplacement des syndics. Les créanciers privilégiés, hypothécaires ou nantis d'un gage, seront admis à cette délibération. Il sera dressé procès-verbal des dires et observations des créanciers, et, sur le vu de cette pièce, le tribunal de commerce statuera comme il est dit à l'article 255. Les syndics qui ne seraient pas maintenus devront rendre leurs comptes aux nouveaux syndics, en présence du juge-commissaire, le failli dûment appelé.

350 — Les créanciers seront consultés sur la question de savoir si un secours pourra être accordé au failli sur l'actif de la faillite.

Lorsque la majorité des créanciers présents y aura consenti, une somme pourra être accordée au failli à titre de secours sur l'actif de la faillite, les syndics en proposeront la quotité qui sera fixée par le juge-commissaire, sauf recours au tribunal de commerce de la part des syndics seulement.

351 — Lorsqu'une société de commerce sera en faillite, les créanciers pourront ne consentir de concordat qu'en faveur d'un ou de plusieurs des associés. En ce cas, tout l'actif social demeurera sous le régime de l'union. Les biens personnels de ceux avec lesquels le concordat aura été consenti en seront exclus, et le traité particulier passé avec eux ne pourra contenir l'engagement de payer un dividende que sur des valeurs étrangères à l'actif social. L'associé qui aura obtenu un concordat particulier sera déchargé de toute solidarité.

352 — Les syndics représentent la masse des créanciers et sont chargés de procéder à la liquidation. Néanmoins, les créanciers pourront leur donner mandat pour continuer l'exploitation de l'actif. La délibération qui leur conférera ce mandat en déterminera la durée et l'étendue, et fixera les sommes qu'ils pourront garder entre leurs mains à l'effet de pourvoir aux frais et dépenses. Elle ne pourra être prise qu'en présence du juge commissaire, et à la majorité des trois quarts des créanciers en nombre et en somme. La voie de l'opposition sera ouverte dans la huitaine contre cette délibération, au failli et aux créanciers dissidents; cette opposition ne sera pas suspensive de l'exécution.

353 — Lorsque les opérations des syndics entraîneront des engagements qui excéderaient l'actif de l'union, les créanciers qui auront autorisé ces opérations seront seuls tenus personnellement au delà de leur part dans l'actif, mais seulement dans les limites du mandat qu'ils auront donné; ils contribueront au prorata de leurs créances.

354 — Les syndics sont chargés de poursuivre la vente des immeubles, marchandises et effets mobiliers du failli, et la liquidation de ses dettes actives et passives ; le tout sous la surveillance du juge commissaire, et sans qu'il soit besoin d'appeler le failli.

Les syndics pourront, en se conformant aux règles prescrites par les articles 287 et 288, transiger sur toute espèce de droits appartenant au failli, nonobstant toute opposition de sa part, même en matière immobilière.

355 — Les créanciers en état d'union seront convoqués, au moins une fois dans la première année, et, s'il y a lieu, dans les années suivantes, par le juge commissaire. Dans ces assemblées, les syndics devront rendre compte de leur gestion. Ils seront continués ou remplacés dans l'exercice de leurs fonctions, suivant les formes prescrites par les articles 255 et 349.

356 — Lorsque la liquidation de la faillite sera terminée, les créanciers seront convoqués par le juge commissaire. Dans cette dernière assemblée, les syndics rendront leur compte. Le failli sera présent ou dûment appelé.

Il sera dressé à cet effet un procès-verbal, dans lequel chacun des créanciers pourra consigner ses dires et observations. Après la clôture de cette assemblée, l'union sera dissoute de plein droit ; le juge-commissaire renverra à l'audience sans citation, s'il y a des contestations sur le compte.

Dans tous les cas, le juge-commissaire présentera au tribunal de commerce un rapport sur les caractères et les circonstances de la faillite.

357 — L'incarcération du failli , quand elle aurait été ordonnée, cessera à toute époque dès qu'il sera établi que les syndics ont été mis en possession de tout l'actif et des livres et que toutes les indications nécessaires leur auront été fournies par le failli. Les créanciers et les syndics pourront intervenir au jugement.

SECTION VII — Des différentes espèces de créanciers et de leurs droits en cas de faillite.

§ 1er — Des coobligés et des cautions.

358 — Le créancier porteur d'engagements souscrits, endossés ou garantis solidairement par le failli et d'autres coobligés qui sont en faillite, participera aux distributions dans toutes les masses, et y figurera pour la valeur nominale de son titre en principal et accessoires jusqu'à parfait payement.

Aucun recours pour raison des dividendes payés n'est ouvert aux faillites des coobligés les unes contre les autres, si ce n'est lorsque la réunion des dividendes que donneraient ces faillites excéderait le montant total de la créance en principal et accessoires, auquel cas cet excédant sera dévolu, suivant l'ordre des engagements, à ceux des coobligés qui auraient les autres pour garants.

359 — Si le créancier porteur d'engagements solidaires entre le failli et d'autres coobligés a reçu, avant la déclaration de faillite, un à-compte sur sa créance, il ne sera compris dans la masse que sous la déduction de cet à-compte et conservera, pour ce qui restera, dû ses droits contre le coobligé ou la caution. Le coobligé ou la caution qui aura fait le payement partiel sera compris dans la même masse pour tout ce qu'il aura payé à la décharge du failli.

Nonobstant le concordat, les créanciers conservent leur action sur la totalité de leur créance contre les coobligés du failli.

§ 2. — Des créanciers nantis de gages et des créanciers privilégiés sur les biens meubles.

360 — Les créanciers du failli qui seront valablement nantis de gages ne seront inscrits dans la masse que pour mémoire.

361 — Les syndics pourront, à toute époque, avec l'autorisation du juge-commissaire, retirer les gages, au profit de la faillite, en remboursant la dette.

362 — Le créancier gagiste peut faire vendre le gage à toute époque, en observant les formalités tracées par la loi. Les syndics peuvent le contraindre à procéder à la vente dans un délai qui sera fixé par le juge-commissaire, sinon, retirer le gage et le vendre , sauf l'exercice des droits du créancier gagiste sur le prix ; si le gage est vendu, moyennant un prix qui excède la créance, le surplus sera recouvré par les syndics; si le prix est moindre que la créance, le créancier nanti viendra à contribution pour le surplus dans la masse, comme créancier ordinaire.

363 — Le salaire acquis aux ouvriers et commis employés directement par le failli, pendant les six mois qui auront précédé la déclaration de faillite, sera admis au nombre des créances privilégiées. Les salaires dûs aux gens de service pour l'année qui aura précédé la déclaration de faillite seront admis au même rang.

364 — La faillite empêche l'action résolutoire du vendeur sur les meubles ; l'action en revendication ne peut avoir lieu que dans les conditions qui seront ci-après expliquées.

365 — Les syndics présenteront au juge-commissaire l'état des créanciers se prétendant privilégiés sur les biens meubles ; et le juge-commissaire autorisera, s'il y a lieu, le payement de ces créanciers sur les premiers deniers rentrés. Si le privilége est contesté, le tribunal prononcera.

§ 3.—Des droits des créanciers hypothécaires et privilégiés

sur les immeubles.

366 — Lorsque la distribution du prix des immeubles sera faite antérieurement à celle du prix des biens meubles, ou simultanément, les créanciers privilégiés ou hypothécaires, non remplis sur le prix des immeubles, concourront à proportion de ce qui lui restera dû, avec les créanciers chirographaires, sur les deniers appartenant à la masse chirographaire, pourvu toutefois que leurs créances aient été vérifiées et affirmées, suivant les formes ci-dessus établies.

367 — Si une ou plusieurs distributions de deniers mobiliers précèdent la distribution du prix des immeubles, les créanciers privilégiés et hypothécaires, vérifiés et affirmés, concourront aux répartitions dans la portion de leurs créances totales et sauf, le cas échéant, les distractions dont il sera parlé dans les deux articles suivants.

368 — Après la vente des immeubles et le règlement définitif de l'ordre entre les créanciers hypothécaires et privilégiés , ceux d'entre eux qui viendront en ordre utile sur le prix des immeubles, pour la totalité de leur créance, ne toucheront le montant de leur collocation hypothécaire que sous la déduction des sommes par eux perçues dans la masse chirographaire.

369 — Les sommes ainsi déduites ne resteront point dans la masse hypothécaire, mais retourneront à la masse chirographaire, au profit de laquelle il en sera fait distraction.

370 — A l'égard des créanciers hypothécaires qui ne seront colloqués que partiellement dans la distribution du prix des immeubles, il sera procédé comme il suit : leurs droits sur la masse chirographaire seront définitivement réglés, d'après les sommes dont ils resteront créanciers, après leur collocation immobilière, et les deniers qu'ils auront touchés au delà de cette proportion, dans la distribution antérieure, leur seront retenus sur le montant de leur collocation hypothécaire, et reversés dans la masse chirographaire.

371 — Les créanciers hypothécaires qui ne viendront point en ordre utile seront considérés comme purement et simplement chirographaires.

§ 7. — Des droits des femmes.

372 — Quelle que soit la loi qui régisse le mariage, la femme, en cas de faillite du mari, reprendra en nature les immeubles qu'elle avait au moment du mariage et dont elle a conservé la propriété et ceux qui lui seront survenus par succession ou par donation entre vifs ou testamentaires.

373 — La femme reprendra pareillement les immeubles acquis par elle et en son nom des deniers provenant desdites successions et donations, pourvu que la déclaration d'emploi soit expressément stipulée au contrat d'acquisition, et que l'origine des deniers soit constatée par inventaire ou par tout autre acte authentique.

374 — Sous quelque régime qu'ait été formé le contrat de mariage, hors le cas prévu par l'article précédent, la présomption légale est que les biens immeubles acquis par la femme du failli ou en son nom appartiennent à son mari, qu'ils ont été payés de ses deniers , et doivent être réunis à la masse de son actif , sauf à la femme à fournir la preuve du contraire.

375 — La femme pourra reprendre en nature les effets mobiliers qu'elle s'est constitués par contrat de mariage , ou qui lui sont advenus par succession , donation entre vifs ou testamentaire , quand elle en aura conservé la propriété d'après sa loi matrimoniale, toutes les fois que l'identité en sera prouvée par inventaire ou tout autre acte authentique.

376 — A défaut par la femme de faire cette preuve, tous les effets mobiliers, tant à l'usage du mari qu'à celui de la femme, sous quelque régime qu'ait été contracté le mariage, seront compris dans la masse de la faillite, sauf aux syndics à lui remettre, avec l'autorisation du juge-commissaire, les habits et linge nécessaires à son usage.

377 — L'action en reprise résultant des dispositions des articles 372, 373 et 374 ne sera exercée par la femme qu'à la charge des dettes et hypothèques dont les biens sont légalement grevés, soit que la femme s'y soit obligée volontairement, soit qu'elle y ait été condamnée.

378 — Si la femme a payé des dettes pour son mari , la présomption légale est qu'elle l'a fait des deniers de celui-ci , et elle ne pourra, en conséquence , exercer aucune action dans la faillite, sauf la preuve contraire, commme il est dit dans l'article 375.

379 — La femme dont le mari était commerçant à l'époque de la célébration du mariage, ou dont le mari, n'ayant pas alors d'autre profession déterminée, sera devenu commerçant dans l'année qui suivra cette célébration, ne pourra exercer dans la faillite aucune action à raison des avantages portés au contrat de mariage, et, dans ce cas, les créanciers ne pourront de leur côté se prévaloir des avantages faits par la femme au mari dans ce même contrat.

380 — Les dispositions du présent chapitre n'ont aucun effet rétroactif.

SECTION VIII. — De la répartition entre les créanciers et de la liquidation du mobilier.

381 — Le montant de l'actif mobilier, distraction faite des frais et dépenses de l'administration de la faillite, qui comprendront les salaires des syndics, des secours qui auraient été accordés au failli ou à sa famille et des sommes payées aux créanciers privilégiés, sera réparti entre tous les créanciers, proportionnellement au montant de leurs créances vérifiées et affirmées.

382 — A cet effet, les syndics remettront tous les mois au juge-commissaire un état de situation de la faillite et des deniers déposés à la caisse du tribunal ; le juge-commissaire ordonnera, s'il y a lieu, une répartition entre les créanciers , en fixera la quotité, et veillera à ce que tous les créanciers en soient avertis.

383 — Il ne sera procédé à aucune répartition entre les créanciers domiciliés en Egypte qu'après la mise en réserve de la partie correspondante aux créances pour lesquelles les créanciers domiciliés hors du terrtioire seront portés sur le bilan. Lorsque ces créances ne paraîtront pas portées sur le bilan d'une manière exacte , le juge-commissaire pourra décider que la réserve sera augmentée, sauf aux syndics à se pourvoir contre cette décision devant le tribunal de commerce.

384 — Cette part sera mise en réserve et demeurera à la caisse du tribunal jusqu'à l'expiration du délai déterminé par la loi pour la production des créanciers domiciliés hors d'Egypte ; elle sera répartie entre les créanciers reconnus , si les créanciers domiciliés en pays étrangers n'ont pas fait vérifier leurs créances, conformément aux dispositions de la présente loi. Une pareille réserve sera faite pour raison des créances sur l'admission desquelles il n'aurait pas été statué définitivement.

385 — Nul payement ne sera fait pas les syndics que sur la représentation du titre constitutif de la créance. Les syndics mentionneront sur les titres la somme payée par eux ou ordonnancée par le juge-commissaire. Néanmoins, en cas d'impossibilité de représenter le titre, le juge-commissaire pourra autoriser le payement sur le vu du procès-verbal de vérification. Dans tous les cas, le créancier donnera la quittance en marge de l'état de répartition.

386 — L'union, après délibération prise à la majorité déterminée pour le concordat, pourra se faire autoriser par le tribunal de commerce, le failli dûment appelé, à traiter à forfait de tout ou partie des droits et actions, dont le recouvrement n'aurait pas été opéré et à les aliéner ; en ce cas, les syndics feront tous les actes nécessaires. Tout créancier ou le failli pourra s'adresser au juge-commissaire pour provoquer une délibération de l'union à cet égard.

SECTION IX. — De la vente des immeubles du failli.

387 — La faillite n'arrête pas la poursuite de vente des immeubles saisis sur le failli, commencée à la requête d'un créancier hypothécaire ou non, sauf aux syndics le droit de demander la conversion dans les termes du Code de procédure civile.

388 — Après la faillite déclarée, les créanciers hypothécaires peuvent seuls faire saisir les immeubles affectés au payement de leurs créances.

389 — S'il n'y a pas de poursuite en expropriation des immeubles commencée avant l'époque de l'union, les syndics seuls seront admis à poursuivre la vente ; ils seront tenus d'y procéder dans la huitaine sous l'autorisation du juge-commissaire, suivant les formes prescrites au Code de procédure civile.

390 — La surenchère, après adjudication des immeubles du failli sur la poursuite des syndics, n'aura lieu qu'aux conditions et dans les formes indiquées au Code de procédure.

SECTION X. — De la revendication.

391 — Pourront être revendiquées en cas de faillite, les remises en effets de commerce ou autres titres non encore payés, et qui se trouveront en nature dans le portefeuille du failli à l'époque de sa faillite, lorsque ces remises auront été faites par le propriétaire avec le simple mandat d'en faire le recouvrement, et d'en garder la valeur à sa disposition ou lorsqu'elles auront été de sa part spécialement affectées à des payements déterminés.

392 — La preuve de la remise d'un effet de commerce en recouvrement pourra être faite, même en cas d'endossement régulier.

493 — Toutefois la revendication ne sera pas admise quand la valeur aura été passée en compte courant accepté par le revendiquant.

394 — Pourront être également revendiquées aussi long-temps qu'elles existeront en nature, en tout ou en partie chez le failli ou tout autre détenteur pour son compte, les marchandises consignées au failli, à titre de dépôt ou pour être vendues pour le compte du propriétaire, malgré toute stipulation de ducroire.

395 — Il en sera de même des marchandises que le failli aurait été chargé d'acheter pour compte du revendiquant.

396 — Pourra même être revendiqué le prix ou la partie du prix desdites marchandises consignées et vendues par le consignataire failli, quand ce prix n'aura été ni payé ni réglé en valeurs au nom ou à l'ordre du failli, ni compensé en compte-courant entre le failli et l'acheteur.

397 — Le revendiquant doit rembourser ce qui est dû aux commissionnaires et à ceux qui ont prêté de bonne foi sur nantissement de la marchandise.

398 — Pourront être revendiquées, quand le prix n'en aura pas été intégralement payé, les marchandises expédiées au failli, tant que la tradition n'en aura point été effectuée dans ses magasins, ou dans ceux du commissionnaire chargé de les vendre pour le compte du failli, même si le prix a été réglé en valeur ou en compte courant.

399 — Néanmoins, la revendication ne sera pas receva-ble si, avant leur arrivée, les marchandises ont été vendues sans fraude, sur factures et connaissements, ou sur factures et lettres de voitures, le tout signé par l'expéditeur.

400 — Il en sera de même si les marchandises ont été expédiées par le revendiquant sur l'ordre du failli à l'ache-teur de ce dernier.

401 — Le revendiquant sera tenu de rembourser à la masse les à-compte par lui reçus, ainsi que toutes avances faites pour fret ou voiture, commissions, assurances.

402 — Pourront être retenues par le vendeur les mar-chandises par lui vendues, qui ne seront pas délivrées au failli, ou qui n'auront pas encore été expédiées soit à lui, soit à un tiers pour son compte.

403 — Dans le cas prévu par les articles 398 et suivants, et sous l'autorisation du juge-commissaire, les syndics auront la faculté d'exiger la livraison des marchandises, en payant au vendeur le prix convenu entre lui et le failli.

404 — Les syndics pourront, avec l'approbation du juge-commissaire, admettre les demandes en revendication ; s'il y a contestation, le tribunal de commerce prononcera après avoir entendu le juge-commissaire. ·

SECTION XI. — Des voies de recours contre les jugements rendus en matière de faillite.

405 — Le jugement déclaratif de la faillite, et celui qui fixera à une date antérieure l'époque de la cessation de paiements, seront susceptibles d'opposition de la part du failli dans la huitaine, et de la part de toute autre partie intéressée, pendant trente jours. Ces délais courront à partir du jour où les formalités de l'affiche et de l'insertion, énoncées dans l'article 222, auront été accomplies.

406 — Le failli peut appeler du jugement qui déclare sa faillite dans les délais ci-après fixés.

407 — Il peut même, après la huitaine expirée, se faire relever du délai d'opposition s'il était absent, et s'il prouve qu'il n'a pu connaître le jugement.

408 — Toutefois les créanciers pourront demander à faire fixer la date de la cessation des paiements à une époque autre que celle qui résulterait du jugement déclaratif de faillite ou d'un jugement postérieur, tant que ne seront pas expirés les délais pour la vérification et l'affirmation des créances. Ces délais expirés, l'époque de la cessation des paiements demeurera irrévocablement déterminée à l'égard des créanciers.

409 — Le délai d'appel contre tout jugement intervenu sur des actions résultant de la faillite même, sera de quinze jours seulement à compter de la signification, outre les délais de distance entre le domicile de la partie appelante et le siége du tribunal.

410 — Ne seront susceptibles ni d'opposition ni d'appel les jugements relatifs à la nomination ou au remplacement du juge-commissaire ou des syndics, ceux qui statuent sur la mise en liberté du failli ou sur les secours à accorder à lui ou à sa famille, ceux qui autorisent à vendre les effets ou marchandises appartenant à la faillite, ceux qui prononcent sursis au concordat ou fixent provisoirement le montant des créances protestées, enfin ceux par lesquels le tribunal prononce sur les recours formés contre les ordonnances rendues par le juge-commissaire dans les limites de ses attributions.

SECTION XII. — De l'administration des biens en cas de banqueroute.

411 — Lorsque des poursuites seront exercées contre des tiers comme complices de banqueroute frauduleuse, ou contre les conjoints, descendants, ascendants ou alliés au même degré du failli, qui, sans complicité avec ce dernier, auront détourné, diverti, recélé des effets appartenant à la faillite, le tribunal criminel, et à défaut le tribunal civil, sera seul compétent, même en cas d'acquittement, pour ordonner même d'office la réintégration des biens détournés, et pour statuer sur les dommages-intérêts demandés.

412 — En dehors de ce cas, et toutes les fois qu'il y aura poursuite ou condamnation pour banqueroute simple ou frauduleuse, les actions resteront séparées et toutes les dispositions relatives aux biens, prescrites pour la faillite, seront exécutées sans qu'elles puissent être attribuées ni évoquées aux autres tribunaux.

413 — Seront cependant tenus, les syndics de la faillite, de remettre au ministère public les pièces, titres, papiers et renseignements qui leur seront demandés.

414 — Les pièces, titres et papiers délivrés par les syndics seront, pendant le cours de l'instruction, tenus en état de communication par la voie du greffe; cette communication aura lieu sur la réquisition des syndics, qui pourront en prendre des extraits privés, ou en requérir d'authentiques qui leur seront expédiés par le greffier. Les pièces, titres et papiers dont le dépôt judiciaire aura été ordonné seront, après l'arrêt ou le jugement, remis aux syndics qui en donneront décharge.

415 — Les pièces, titres et papiers dont le dépôt judiciaire n'aurait pas été ordonné seront restitués aux syndics sur leur récépissé.

SECTION XIII. — De la Réhabilitation.

416 — Le failli qui aura intégralement acquitté en principal, intérêts et frais toutes les sommes par lui dues, pourra obtenir sa réhabilitation. Il ne pourra l'obtenir, s'il est l'associé d'une maison de commerce tombée en faillite, qu'après avoir justifié que toutes les dettes de la société ont été intégralement acquittées en principal, intérêts et frais, lors même qu'un concordat particulier lui aurait été consenti.

417 — Toute demande en réhabilitation sera adressée à la cour d'appel. Le demandeur devra joindre à la requête les quittances et autres pièces justificatives.

418 — Expédition de la requête et des pièces annexées sera communiquée, par le ministère public, au président du tribunal de commerce qui a prononcé la faillite et à celui du domicile du demandeur.

419 — Le parquet et le président du tribunal de commerce recueilleront tous les renseignements qu'ils pourront se procurer sur la vérité des faits exposés.

420 — La copie de ladite requête restera affichée pendant un délai de deux mois, tant au tableau des publications judiciaires, qu'en tous autres lieux déterminés par le règlement du tribunal, et elle sera insérée par extrait dans les journaux.

421 — Tout créancier qui n'aura pas été payé intégralement de sa créance en principal, intérêts et frais, et toute autre partie intéressée, pourra former opposition à la réhabilitation par une requête adressée au tribunal de commerce qui a prononcé la faillite, en l'appuyant des pièces justificatives. Le créancier opposant ne pourra jamais être partie dans la procédure de réhabilitation.

422 — Après l'expiration de deux mois, le parquet et le président du tribunal de commerce transmettront, chacun de son côté, à la cour d'appel, les renseignements qu'ils auront recueillis, et les oppositions qui auront pu être faites. Ils y joindront aussi leur avis.

423 — La cour d'appel, à la requête du ministère public, rendra arrêt motivé portant admission ou rejet de la demande en réhabilitation qui devra être accordée, si la preuve du paiement intégral des créances est faite. Si la demande est rejetée, elle ne pourra être reproduite qu'après une année d'intervalle.

424 — L'arrêt portant réhabilitation sera transmis au tribunal de commerce, qui en fera à l'audience la lecture publique, et en ordonnera la transcription sur les registres du tribunal.

425 — Ne seront point admis à la réhabilitation les banqueroutiers frauduleux, les personnes condamnées pour vol, escroquerie ou abus de confiance, les stellionataires, ni les tuteurs et administrateurs ou autres comptables qui n'auront pas rendu et soldé leurs comptes en retard. Pourra être admis à la réhabilitation le banqueroutier simple qui aura subi la peine à laquelle il aura été condamné.

426 — Le failli pourra être réhabilité après sa mort.

427 — La réhabilitation pourra être prononcée en instance ordinaire dans les deux cas suivants :

1° Lorsque avant l'expiration des délais pour la vérification et l'affirmation des créances, le failli aura, même avec les deniers d'un tiers, remboursé effectivement les créances en principal, intérêts et frais, pourvu que le tiers ne se fasse pas subroger en tout ou partie des créances et ait fourni les fonds à titre entièrement gratuit ;

2° Lorsque la réalisation de l'actif par les soins des syndics aura suffi pour payer intégralement les créanciers.